# ウイグル大虐殺からの生還

RESCAPÉE DU GOULAG CHINOIS

# 再教育収容所 地獄の2年間

グルバハール・ハイティワジ／ロゼン・モルガ｜著　岩澤雅利｜訳
Gulbahar Haitiwaji / Rozenn Morgat

河出書房新社

ウイグル大虐殺からの生還——目　次

助からなかったすべての人に

ファニー、ガエターヌ、リュシール、いま自由の身でいる女性たちに

# ウイグル大虐殺からの生還　再教育収容所　地獄の2年間

「職業教育[1]のおかげで、学習者たちは自らの過ちについて考え、テロと過激思想の本質を知り、それがいかに悪いものかを理解することができた。国民としての自覚、市民としての自覚、法治国家の認識が高まり、中国の人民共同体を支持するようになった。いまでは善と悪をはっきりと区別し、過激思想と縁を切っている。（中略）彼らは明るい未来を信じている[2]」

「新疆ウイグル自治区が安定し、発展し、栄えていくのを妨げることは誰にもできない[3]」

地図作製　テイクスリー　河内俊之

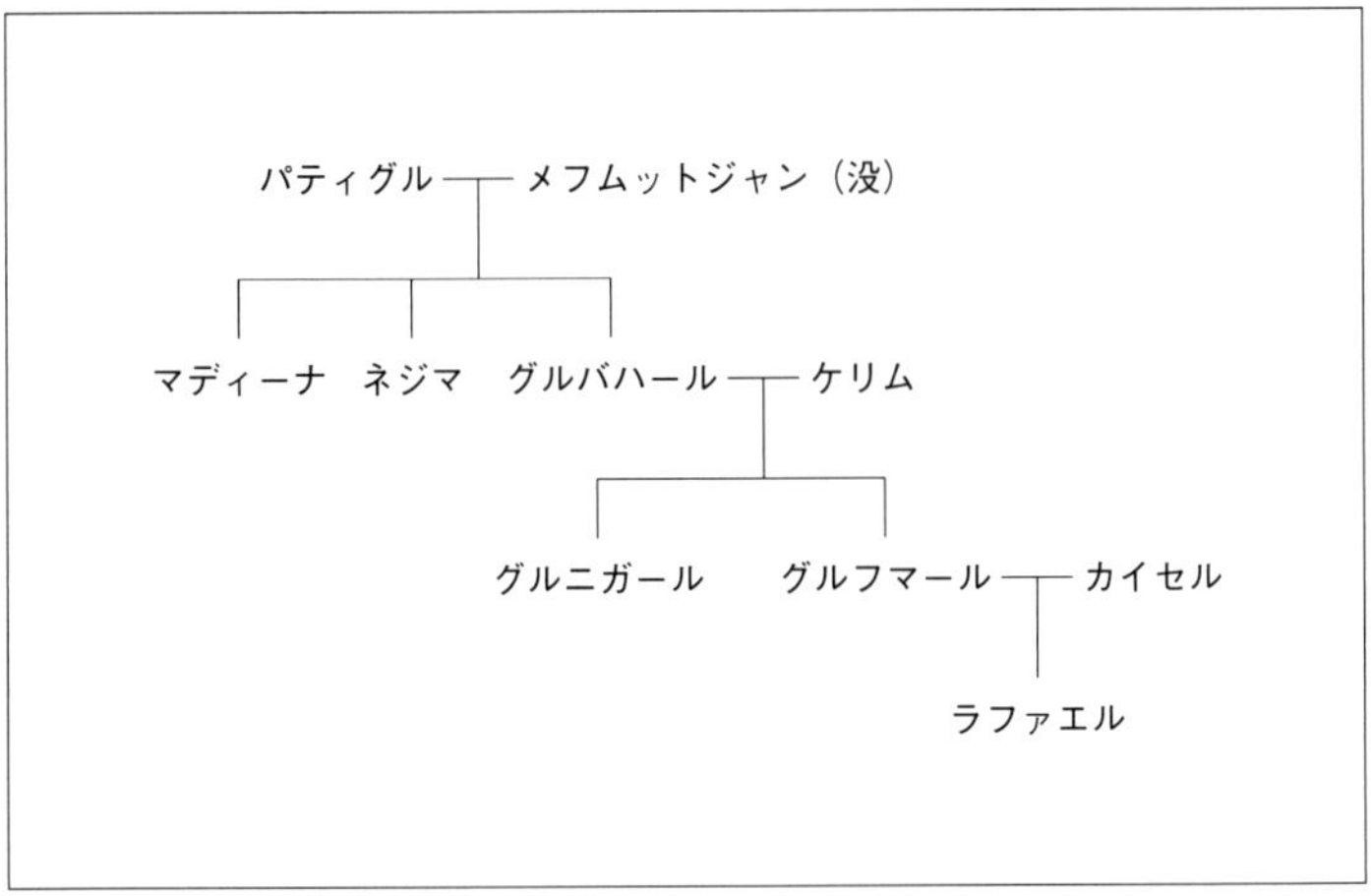


グルバハールの家族の系図

# はじめに

グルバハールは強制収容所に送られながらも生きのびた。長時間にわたる取り調べ、拷問、栄養不良、警官の暴力、洗脳に耐え抜いた。中国は、在外ウイグル人がパリで行ったデモに彼女の娘が加わっている写真を根拠に、彼女を一年以上にわたって拘束したあと、弁護士のいないわずか九分間の裁判によって、再教育収容所に七年入所するという判決を下した。その場にいたのは被告席の彼女ひとりと、彼女を前にした裁判官役の警察官三人だけだった。殺されるかもしれないと思いつめたあげく、彼女は収容所での死を覚悟する。「十年前から住んでいるフランスの政府も、フランスに政治亡命した娘のグルフマールとグルニガール、そして夫のケリムも、自分を助けにくることはできないだろう。中国の罠《わな》にはまった自分はもう永遠に助からない」と彼女は思った。

収容所から生還したあと、グルバハールは板ばさみになっていた。証言者として名前を出すべきか、それとも匿名《とくめい》を貫いて家族を守るべきか。本書の計画をブーローニュの自宅で話し合ったとき、彼女は危険を見越して、ほんとうの身分を明かさないことにしたようだった。

　グルバハールは、数世代前から新疆《しんきょう》に定住するウイグル人の家に生まれた。彼女の先祖もまた、石油の豊富なこの砂漠とオアシスの地で生きてきたが、地政学的に重要な位置にあるこの地では何世紀にもわたって紛争が起き、短い独立の時期を除いて、中国に併合される時代が長く続いた。やがて中国共産党がこの地に入り、一九五五年、新疆[1]は中華人民共和国に併合されて新疆ウイグル自治区と名づけられた。新疆という言葉は中国語で「新しい国境」を意味する。それ以来、フランスの三倍の面積を持つこの広大な地域は、中国で大多数を占める漢民族によって、法に基づいて植民地化されることになった。石油精製施設が整備されるにつれて、中国企業の土木工事によって都市部が広がっていき、赤ちょうちんと赤旗と赤い横断幕が街をおおい、ウイグル人はささいなことに干渉されたり組織的に差別されたりするようになる。それはやがて、まぎれもないジェノサイドに発展していく。二〇〇六年五月、グルバハールも家族も将来がどんどん狭まっていくことに希望を失って、フランスへの移住を決意した。

　ウイグル人はスンニ派のイスラム教徒で、その文化は中国ではなくトルコに起源がある。中国がウイグル人を支配するようになったのはずっとあとのことなので、ウイグルの分離独立をめざす少数派は東トルキスタンの水色の旗を掲げて独立を要求している。二〇〇九年、ウルムチで暴動が起こり、漢人とウイグル人の双方から何百人もの死者が出ると、自治区は前代未聞の激しい弾圧を受けるようになった。指導者たちは自治区に驚くべき監視システムを整備する。街のいたるところに顔認証カメラと警官が配置され、二〇一七年からは再教育収容所が開設された。自治区には厳しい監視の目が張りめぐらされ、習近平による一帯一路構想の重要な中継地のひとつともなった。中央アジアへの入口ともいえる新疆は八カ国と国境を接している。そのため、中国とヨーロッパを結ぶ壮大なインフラ計画の戦略拠点となっているのだ。これはけっして偶然の一致ではない。これまでにアムネスティ・インターナショナルとヒューマン・ライツ・ウォッチ〔ニューヨークに本拠を置く人権NGO〕は、延べ一〇〇万人以上のウイグル人がこうした収容所に送られたと見積もっている。いっぽう中国は、これらの施設が、ウイグル人の精神から「イスラム教のテロリズムを取り除く」ための「学校」だと主張しつづけている。

グルバハールは、母国に政治的な関心を向けたことはなかった。彼女はそれを、斜にかまえることなく、少し誇らしげに口にする。話が宗教のことになると、彼女は「平和的な」イスラム教、「穏やかな」イスラム教という言い方をする。彼女は分離独立派でもなければ「イスラム原理主義のテロリスト」でもない。にもかかわらず、収容所に送られた。背景には中国の収容所制度のまやかしと不健全さがある。中国の狙いは、ウイグルの過激な少数派を罰することだけでなく、グルバハールのように外国へ亡命した者も含めて、ウイグル人すべてを消滅させることにある。

二〇一六年一一月のある朝、グルバハールの家に新疆から謎めいた電話がかかってきた。かつて勤めていた会社の社員が、新疆へ来てもらいたいという。「事務的な手続きをするため」、「あなたの早期退職の件で」などと、その社員は説明した。グルバハールは、それほど警戒の念を抱かなかった。

そして数日後、ウルムチ空港に降り立ってから、長い苦難が始まる。中国当局は、パスポートを没収したうえ彼女を拘束し、裁判を行うことなく数カ月留置場に置いたあと、再教育収容所へ送ったのである。

再教育収容所には、あらゆる収容者を同じ方法で心身ともに破壊しようとする特徴がある。収容者はまず、個性を奪われる。名前、自分の服、そして髪の毛を奪われる。こうして収容者は、他の収容者とまるで区別がつかなくなる。次いで収容者は、厳しいスケジュールにしたがうことで、その体を奪われる。教官が一日に十一時間、窓のない教室で収容者に共産党の偉大さを、休む暇も与えずくり返し唱えさせる。途中でやめると罰を加えられる。収容者は暗誦《あんしょう》を延々とくり返すうちに何も感じなくなり、何も考えられなくなる。そして時間の感覚を失う。まず時刻がわからなくなり、やがて月日を忘れてしまう。

ブーローニュの自宅の居間で、娘のグルフマールと私を前に、グルバハールはそうした空虚な歳月を思い出していた。気持ちを集中し、少し眉を寄せ、重々しい顔つきで。ベッドに二十日間もつながれたとき、何を感じたのだろうか。「何も感じませんでした」。自分の答えが相手に通じるか心配するような表情で、彼女は答えた。一二月の冷えこむ夜、どこへ行くかも告げられずワゴン車に乗せられたとき、グルバハールは雪の積もった砂漠の真ん中で銃殺されるのだと思った。そこで何を感じたのだろうか。やはり何も感じなかった。「あのとき、私はもう精神的に死んでいたから」。では、釈放されると聞いたときは? 「寝床の上で、警官に背を向けたままだった」

「再教育」が進むにつれて、人間らしい感情はだんだんと消えていった。しかし、自由になったいま、くつろいだ雰囲気で会話を重ねるうちに、彼女は少しずつ感情を取り戻していった。自分の解放に重要な役割を果たし、いま会話の通訳をしている娘の熱いまなざしを受けながら、グルバハールは収容所生活の各場面を演じてくれた。リーダー格の警官の太い声や、自分に有罪を言い渡した裁判官の詮索するような声をまねる。適当な言葉が見つからないと、ソファーから立ち上がり、足首につけられた鎖でおぼつかない足取りや、軍隊そっくりのいかめしい行進を再現してみせる。背筋をのばし、脇をしめて両腕を振りながら、軍隊式の歩き方で居間を歩きまわる。それから私たちのほうをくるりと向いて、人なつこい態度で笑いだした。「ね、おかしいでしょ?」私たちはみんなで笑った。彼女は自分と、自分が出会った人々を笑いものにすることで、再教育収容所というものの非常識さを明るみに出していたのだ。

警察に強いられて不本意な証言をしたことを話したとき、グルバハールは発作のような笑いが止まらなくなった。私たちのやりとりで何度もあったことだが、自分を苦しめたものをばかにして笑うことが、彼女にとって心の傷をいやすよい方法になった。

しかし、この方法で再教育の影響から回復するわけではない。グルバハールは体の傷が治らないだけでなく、しつこい想念につきまとわれている。フランス外務省との難しい交渉のすえ中国が自分を解放したとはいえ、中国の警官が、新疆に暮らす母や妹たちや友人の家にやってくるかもしれないという思いが頭を離れない。警官たちの暴力は、中国共産党を後ろ盾として、愛する人々を雷のように襲うだろう。そうした人々は自分と同じように取り調べを受け、閉じこめられ、拷問され、収容所へ送られる。自分と同じように「犯罪人」や「テロリスト」として扱われる。自分と同じように収容所のなかに埋もれ、人間の尊厳を失い、それとともに楽しい記憶を、いや記憶そのものを失い、やがて少しずつ、生きる意欲をなくしていくだろう。そんなことだけはあってほしくない。そういう思いが片時も頭を去らない。

二〇二〇年九月のある朝、ブーローニュの自宅の白いソファーに腰かけて、グルバハールは原稿の初めのほうのページを熱心に読んでいた。不自由な生活から解放されて、パリのシャルル・ド・ゴール空港に降り立ち、夫のケリム、娘のグルフマールとグルニガールに再会してから一年あまりがたっていた。読みすすむうちに、以前から抱いていた、本のなかでほんとうの身分を明かすという考えがよみがえってきた。「まだ口に出してはいませんが、母はそうすることを考えています」とグルフマールが手紙で知らせてきた。その数日後、グルバハールは決断を下した。「これは私の話ですから、どこまでも責任を担おうと思います。それがウイグル人としての私の務めです」と彼女は言った。そして表紙に本名を記すことを希望した。そのことによる危険は大きい。本を読みはじめる人はみな、いやでもそのことに気づくはずだ。

中国が新疆の政策を見直すどころか、いまなおウイグル人を再教育収容所に送りつづけ、ウイグル人女性に不妊手術を施し、国連をはじめいかなる国際組織の代表団もこのジェノサイドの規模を実地に確認できていない現状において、フランスの外交努力で解放された初めてのウイグル人であるグルバハールは、いまも収容されている仲間たちにかわってその体験を語っている。本書を実現させてくれた彼女と娘のグルフマールに支持が寄せられることを願っている。

ロゼン・モルガ

# 第1章

## 二〇一六年八月二六日、パリ

八月末の蒸し暑いその日、宴は見るからにすばらしかった。投光器の下で、いきいきした会話がはずむ。笑い声と皿のふれあう音がリュートの調べと混じりあって、オーケストラが鳴りわたっているようだ。バラとあじさいの花束に飾られたうすむらさき色のテーブルのまわりには人々がひしめきあい、色とりどりのパスタのサラダや、湯気が立っている大きなタジン鍋や、ひき肉とタマネギを詰めたサムサを皿に取ろうとしている。

　ウイグルの結婚式では、みんなが延々と踊りつづけ、ごちそうを食べつづける。何ひとつ足りないものがあってはならない。そして一晩じゅう、会話の声が聞こえなくなるほど音楽が奏でられる。椅子から立ち上がり、腰をふって踊っては、また腰かけて一杯のポロ[1]や紅茶を口にする。私の料理がこれほど喜ばれたことはいままでなかった。招待客はみんな上品で、体にぴったりした濃い色のスーツや輝くようなドレスの装いだ。中国の漢民族のあいだでは、世界でいちばん美しいのはウイグル人女性だとされている。その晩、女たちが笑うたび、高い頬骨の下にある白い歯が薄闇のなかで鮮やかに見えた。アイライナーを引いた切れ長のまぶたが、笑うといっそう映えた。女たちのなかでひときわ輝きを放っているのが、花嫁姿の私の娘グルフマールだ。白いサテンのドレスに身を包み、チュールのヴェールを付けた姿が美しい。ウエストにあしらわれた一列の細かい真珠が若々しい体の線を強調している。襟足が見えるように黒髪を上げているので、輪郭のはっきりした丸みのある肩があらわになっている。その肩と背中のくぼみを、繊細なデザインのビスチェが引き立てる。あのドレスに決めるまでにはほんとうに苦労した。グルフマールが試着室の鏡を見ながら、腰にこぶしを当てて仏頂面をしていたのを思い出す。レースやスパンコールはグルフマールにとって興味のないものだったのだ。

子どものころ、彼女は男の子になりたいと思っていた。それは切実な問題であり、固定観念であり、夢だった。彼女はその夢に近づこうと、男の子がするあらゆる活動をまねようとした。それを止めることはできなかった。そんなわけで、子ども時代はドレスも、パンプスも、リボンの髪飾りも嫌がった。

披露宴は盛り上がった。ずっとあとになってから、グルフマールの結婚式はすばらしかったと語り草になったほどだ。オランダ、ノルウェー、スウェーデンなど、亡命ウイグル人が身を落ち着けたヨーロッパ諸国のあちこちから、きれいな花嫁だったという声が聞かれた。夫のケリムも私も、こうした人々のあたたかい言葉によって、新疆《しんきょう》に残っている家族が式にいなかったことをほとんど忘れそうになっていた。

新疆は、これからの話、わがハイティワジ家の話の出発点だが、私自身の話の出発点でもある。私の名はグルバハール。一九六六年一二月二四日、新疆のグルジャで生まれた。

フランスに入国を認めてもらう前、私たちはこの天国のような国で暮らしていたが、いまではその名残すらほとんどない。私たちの民族はそこで、ずいぶん前から中国による容赦ない抑圧を受けている。私たちウイグル人は、迫害され、閉じこめられ、再教育を受けさせられている。

そもそもの初めから話をしよう。新疆はフランスから数千キロ離れた、中央アジアと接するところにある。ケリムと私たちは、山に囲まれ、オアシスが点在する、フランスの三倍も大きいこの楽園で成長した。この宝石箱のような地域は中国の西の端にあって、八つの国々、つまりモンゴル、ロシア、カザフスタン、キルギス、タジキスタン、アフガニスタン、パキスタン、インドと国境を接している。柑橘類、金、ダイヤモンドに恵まれ、さらに天然ガス、ウラン、石油などの地下資源も豊富にある。とりあえず「私たちの国」という言い方をしたが、それは必ずしも正確ではない。すぐ西には共和政の独立国がいくつもあるのだが、この地が国として独立できたのは短い期間ばかりで、それ以外は長期間、中国に併合されてきた。初めは清《しん》の治下に入り、一九四九年に共産党が政権を握ると、中国語で「新しい国境」を意味する新疆と名づけられた(2)。東トルキスタンという独立国を夢みる分離独立派が反乱を起こしたがどうすることもできず、中国共産党は石ころだらけの道を舗装し、地下に眠る石油と天然ガスをくみ上げるため地面に穴を開けていった。

それ以来、私たちウイグル人は中国にとってじゃまな石ころになった。新疆は資源の豊かな戦略上の拠点なので、中国としては失うわけにいかないのだ。中国は「一帯一路」[3]、つまり中央アジア経由で中国をヨーロッパにつなげる大きな政治的・経済的計画、私たちの地域がなくてはならない中継地となる計画に、途方もない金額を投資した。私たちの地域なしには、習近平国家主席の鳴り物入りの政策は実現しない。習近平は新疆を必要としている。平穏で、経済活動にふさわしく、分離独立派も民族的な緊張も存在しない新疆を……。つまり習近平はウイグル人のいない新疆がほしいのだ。

中国各地の学校で、生徒は、ウイグル人を含む中国の五十六の民族が、世界のなかで中国がひときわ文化的に輝いている基礎だと、くり返し言うよう指導されている。私たちの身分証明書には中華人民共和国の国民であると記されているけれど、心のなかでは私たちはずっとウイグル人だ。男も女も、神に祈る場所はモスクであって仏教寺院ではない。宗教心の強いイスラム教徒はあごひげを生やし、妻はヴェールで顔をおおう。新疆の家庭や学校や街角で話されているのは、テュルク系の言語であるウイグル語で、中国語ではない。主食は、中国東部の漢人が食べる米ではなく、中央アジアでよく見られる、丸くて平らなナンというパンだ。しかし、いまではこれまでにないほど、中国文化と私たちの文化との違いはじゃまなものとなり、過去に暴動があったことが不安をかきたてている。私たちが二〇〇六年にフランスへ逃れたのもそのためだった。そしてその直後、新疆はたいへんな抑圧を受けることになった。

フランスに着いたころ、新疆を知っている人はほとんどいなかった。新疆全体にくすぶる民族と文化の争いについてはもっと知られていなかった。私たちが受ける差別、拘束、そして将来の人生設計ができないことを話すと、人々は驚いたような顔をした。説明する私たちが出会うのはたいていは無関心で、ましな場合でも、礼儀にかなった好奇心だった。「チベットの人たちと似たような感じ?」とよく質問された。ある程度はそのとおりだ。西洋人にとって、私たちがこうむっている抑圧にはエキゾチックな色合いがあるらしい。それはゴリアテを倒したダヴィデの中国版である。ただし中国版では、ダヴィデはつねにゴリアテに勝てない。ダヴィデは数世代前からゴリアテと戦っているが、負けつづけているのだ。じつを言うと私は、最初の紛争がいつ起こったのかを正確に理解しているわけではない。私が新疆北部の村で育ったころ、紛争はすでに、表に出ないかたちでいたるところにあった。たぶんずっと前からあったのではないだろうか。

それでもケリムと私にとって、人生のすべりだしはどちらかというと順調だった。そう遠くない過去には、政治問題が私たちの頭をかすめることがほとんどない時代があったのだ。ウイグルの音楽の一節が耳に届くことはあったけれど、私たちは新しい生活を軌道に乗せるのに一生懸命だった。一九九〇年代のことだ。ひと財産作ろうと考える人々は、中国人に限らず、新疆に引きつけられていた。区都ウルムチは、学位を取ったばかりの工学部の学生や、東部から移住してきた中国人家族や、郊外の狭い土地を開拓しにやってきたカザフ人労働者であふれていた。中心街にはオフィスビルやショッピングセンターなど、モスクよりも高い建物が姿を現した。石油の採掘会社は漢人と同じようにウイグル人もすすんで雇った。新疆国際大バザールには雑多な人々がやってくる。ヴェールで顔を隠した女のそばに、フード付きトレーナーにジーンズ姿の女。母親と子どもがスクーターの後部座席に横乗りして、あごひげの父親にしがみついている。父親の頭には、ウイグルの伝統的な刺繍の入った縁なし帽、ドッパ。クラクションが響くなか、どぶの縁石の上にうずくまった物売りが、積み上げた家電製品やプラスチック製のおもちゃや、東部の中国人が夢中になるまがい物の宝飾品を売っているかと思えば、隣りの物売りのところでは、いくつも重ねた大きなプラスチックケースのなかに、木製の台所用具やヘンナ染料やナンがある。

私とケリムは新疆の、ウルムチ石油大学の教室で出会った。ウルムチにはさまざまな民族、文化、伝統の住民がいて、独特の魅力があった。人口のほぼ半分は漢人が占めている。残りの半分は、ウイグル人[4]、キルギス人、カザフ人、タジク人、モンゴル人など、たくさんの少数民族だった。ケリムの出身地アルタイは、カザフスタン、ロシア、モンゴルとの国境をなす山々のふもとに位置する、北の端の街だ。アルタイの住民の褐色の肌には、荒っぽい山岳の人という評判がつきもので、彼らは伝統的なウイグル語のようなテュルク系の言葉ではなく、カザフ方言を話す。その大柄でがっしりした青年の少し荒削りな魅力に、すぐに気づいたわけではない。私も、北の小さな街グルジャの出身だった。アルタイからグルジャへ行くには、車にせよ当時のバスにせよ、砂漠のような大地を何百キロメートルも走りつづけなければならない。途方もない距離が私たちを隔てていた。

グルジャにいたころの隣人を、私はよく覚えている。ひどくやせた小柄な女のひとで、ご主人とのふたり暮らしだったが、そのご主人もまたやせて小柄だった。そこに住んでいた理由は忘れてしまったが、彼らが漢人だということだけはわかっていた。でもその女のひとはウイグルの伝統的な服を着ていた。彼女が作る羊の肉をつめたサムサや子羊の串焼きのいいにおいが、路地にまで流れてきた。その当時、漢人かウイグル人かということはまったく問題にならなかった。少なくとも私たちのあいだでは。私たちはこの夫婦と仲がよかったので、イード・アル＝アドハー〔イスラム教の宗教的祝日〕のときは食事をともにした。隣人の女のひとは私たちの文化を大切にしてくれた。自分の文化として扱ってくれた。

やがて私たちは、北部の大都市カラマイに住むようになった。ウイグル語で「黒い油」を意味するカラマイは、そばにある石油施設で働くおおぜいの労働者の家族を住まわせるために、大急ぎで建設されたコンクリートの街だ。そのころカラマイは「黄金郷《エルドラド》」と呼ばれていた。

私たちは大学を出ると、この街の石油会社に技術者として採用された。当時カラマイは人気があったが、それは、仕事がいくらでもある新疆の新興都市のひとつだったからだ。私たちがやってきた一九八八年には、商店もレストランも市場もないがらんとした直線道路がいくつも伸びていた。アメリカの都市をまねて碁盤の目のように道路を張りめぐらせたその街では、各区域の工事現場で、ピックハンマーとクレーンとパワーショベルがうなりを上げていた。寝ても覚めても、工事の騒音が響いている。街はたえまなく、何かがきしむ音や金属のぶつかる音や大砲のような音を発した。新疆のあちこちから来る労働者家族の住まいにするため、何もなかった地面に二、三週間でビルが建った。カラマイに住民が増えていくあいだ、労働者はなおも、水路を掘るために地面をかきけずり、葉の茂った木を一列に植えていった。このにぎやかな場所の真ん中で、私たちは会社の建物の隣りにあるふた部屋の社宅に住んでいた。二十年以上もここで暮らしたが、工事は終わることがなく、まるでカラマイが、石油でいっぱいの地面の上に広がりつづけるかのようだった。

カラマイでの生活は質素なものだった。冬は死にそうなほど寒い。一月には、気温がマイナス三〇度近くまで下がる。強い風が通りを吹きすさび、顔がひりひりする。それが春になると、息苦しいくらい暑くなる。五月の晩は、昼のあいだ太陽にさらされた新しい歩道の敷石から熱気が立ちのぼる。ほかの家族が涼しい自宅に戻って夕食をとるころ、私たちは自転車で、厳しい暑さのなかをよく出かけた。彼が前に乗り、私は荷台にまたがって彼の背中につかまった。ここでは何もかも、自分で工夫しなくてはならない。できたばかりの街は私たちの生活とよく似ていた。未来は、一点の不安もなく、砂ぼこりを立てるカラマイの大通りのように私たちの足元に広がっていた。私たちは自宅のくつろいだ雰囲気のなか、何人かの友人と、式をとり行うイマーム〔イスラム教の指導者〕の立ち会いのもとで結婚した。やがて娘たちが生まれ、未来がいままでになく輝いて感じられた。

収入は毎月やっと食べていける程度だったが、私たちにはとくにほしいものはなかった。素朴な楽しみが当たり前の時代だったのだ。私たち同様ウルムチから来た友だちや、会社で知り合いになった友だちも、生活は地味だった。私たちはみんなよく働いた。一週間が終わるとまた次の一週間が始まり、日々が単調になりがちだった。それで、仕事の疲れをまぎらすために、私たちはある行事を始めた。毎年初めに、くじびきを企画したのだ。仲間のひとりが私たちの名前をひとつひとつ小さい紙きれに書き、それを鉢に入れて、一枚を引く。そのようにして、引いた紙に記されていた名前の者が、みんなのために次の年に行われる月ごとの外出の案を考えるのだ。たとえばレストラン、サウナ、仲間の家での夕食会など……。それが私たちの息抜きだった。カラマイは発展のさなかで、娯楽が増えつつあった。串焼きの肉を囲んだり、女ばかりで集まって湯気の立ちこめるサウナで寝そべりながら笑ったりと、私たちはどんなに楽しいひとときを過ごしたことだろう。ある年に仲間のひとりがお金に困っていたら、私たちはカンパをしあって助けてやった。私たちはみんな、生まれ故郷を離れて、砂漠の真ん中にあるこの新しい街へ働きにきたのだった。家族から遠く離れて成長した私たちにとって、ここで知り合った仲間は新しい家族だった。アリ、ニロパール、ムハンマド、ディルヌール、アイヌール……。彼らはいまどうしているだろう。あの仲間は誰もカラマイを離れていない。最近聞いたところでは、まだ同じ会社で働いている者もいれば、小学校や大学の教員をしている者もいるという。いまでは、友人たちは打ち明け話を国に探られているのではないかと心配するかのように、連絡の機会が減った。彼らの声が聞けないのはさびしい。新疆に残るウイグル人は、中国版ビッグブラザー〔ビッグブラザーはジョージ・オーウェル著『一九八四年』の全体主義国家の指導者〕の監視の目を逃れられない。不用意な質問をして新疆にいる彼らに迷惑をかけるようなことはしたくない。

ケリムはずっと前から、いずれ新疆を去るべきだと考えていたと思う。彼の頭には、私たちが会社に採用されるよりも前からその考えがあった。それは、私たちが大学を卒業して、ふたりで仕事を探しはじめたウルムチ在住のころにさかのぼる。一九八八年のことだ。私たちは新聞の求人欄を丹念に調べていた。すると、小さい文字で「ウイグル人不可」と書いてあるものがかなりある。このことはケリムの頭にこびりついて離れなくなる。差別のうわさは、カラマイに移った私たちのところにまで届いた。うわさはしだいに強まったけれど、そのころ私を含むウイグル人は耳を貸さないようにしていた。でもケリムは違った。ケリムは黙って耐えしのびはしなかった。私は差別を思わせる出来事にこだわらないようにしていたが、彼のほうはそれをやりすごすことができなかった。

会社では、まず紅包《ホンバオ》(5)をめぐる出来事があった。紅包はお金を入れる小さな赤い封筒で、中国の新年にお年玉として身近な人に渡すものだ。伝統では、雇い主が社員に配ることにもなっている。会社では、社長はこの習慣をやめたことがなかった。ところがその年は、漢人の社員はウイグル人の社員よりもお年玉の金額が多かった。ウイグル人家族はみんな、この出来事にこだわりはしなかった。結局そんなことはただのうわさかもしれないと。しかし、しばらくして、ウイグル人の社員全員がカラマイ郊外に配属を変えられてしまった。なかには声を荒らげて文句を言う者もいたが、私にその勇気はなかった。私は会社の決定にしたがって段ボール箱に荷物をまとめ、慣れ親しんだ職場の席は漢人の男性社員が占めることになった。数カ月後、ケリムは管理職を志願した。それにふさわしい技能と勤務経験はそなわっていたので、選ばれない理由はひとつもなかった。ところが、管理職のポストは別の社員に割り当てられた。しかも、技術者の資格すらない漢人の社員にだった。こうしたことが重なるいっぽうで、わが家の娘たちは成長していく。ケリムはいらだちを募らせた。

私は、相変わらず現実に背を向けていたものの、ここにいると将来の展望が失われていくのはわかった。石油会社で失望を味わったことで、ケリムは治りにくい病気にかかったように苦しんだ。そして二〇〇二年、とうとう新疆を離れて外国へ仕事を探しにいった。まずカザフスタンへ行ったが、一年後に少し疑い深くなって戻ってきた。それからノルウェーへ行った。その次に入国したフランスでは亡命を求めた。ケリムはフランスに落ち着き、私と娘たちは、彼が亡命者の身分を得て職を見つけるときにそなえてフランスに行くほかなくなった。友人たちはみんな、ゼロからやり直そうとするなんてどうかしていると言った。友人たちの目には、私たちがカラマイでいい生活を送っているように見えていたのだ。歳月がたつにつれて、ケリムと私の給料は上がった。グルフマールが生まれると、私たちは会社の配慮で中心街にある広いアパートに住むことになった。娘たちはウイグル人学校で期待の持てる義務教育を受けられる。外出にはきれいな車を運転して出かけていた。要するに、私たちはいまではちょっとしたエリート層に属していたので、私も友人たちと同じように思っていた。そのうえ、私は自分が生まれた地方から遠く離れた場所へ旅行したことがなかったので、限りなく広い地球上のどこかにいきなり降り立つことになると思うと、ひどく心細かった。

どれほどの屈辱、不平等、不当な扱いがきっかけでこぶしを振りあげ「いいかげんにして」と叫ばなければならないのか。中国には、いつ何が身に降りかかるかわからないという格言がある。

新疆では検問所、警察の詰所、尋問、威圧、脅しがめずらしくないので、人々はそうしたことにいやでも注意を払う。それで私たちは刑の執行を猶予されているようなもので、そのなかば自由な状態は絶えず奪われるおそれがあった。地元の警察署からお茶を飲みにくるよう指示されるのはいつものことだった。そんなときはその日何をしたかを警官に話し、友人知人の名前を教え、自分の仕事について語った。そんな犠牲を払ってやっと平穏に暮らせるのだ。

監視が厳しくなればなるほど、それは生活の一部となる。ウイグル人であれば誰でも、警察からなんらかの干渉を受けた兄弟や友人やいとこや甥を知っている。何カ月も姿を消すということはないにしても……。そう、誰にどんなことが起きてもふしぎではないのだ。市民ひとりひとりが潜在的な反体制派とみなされている。そしてどのウイグル人家族のなかにも数世紀にわたる文化的な反抗心が眠っているとみなされ、私たちは生まれたときから反体制派ということになっている。

この対立は共産党中国による併合よりはるか前に始まった。だから私たちの側からすれば、いまの中国によって新たな差別が生じたからといって過激な行動に出る理由はない。

フランス人にはウイグル人が身の危険にさらされていることが理解しにくいらしい。娘のグルフマールは、私が語っていることを説明するのにうまい例を使う。フランスを形づくる多くの町や村や集落には、住宅や商店やカフェがいっぱいあり、しかもそうした住宅や店には人がいっぱいいる。どこへ行っても人でにぎわっている。新疆には北部にふたつの大都市、ウルムチとカラマイがあるが、それらを隔てる四〇〇キロは草木の生えない土地だ。オアシスと油田の近くに作られたこれらの大都市を除けば、見わたすかぎり、静かでひとけのない空間が広がるばかり。その乾燥した土地では、どんなにくふうしても暮らしていくことができない。山々のとがった稜線だけが、何もない単調な地平線にアクセントをつけている。地元の情報機関にとっては、反体制派を行方不明にして、その死体を人の踏み入らない土地に埋めるのはたやすいことだ。ウイグル人が中国で暮らすということは、タクラマカン砂漠の真ん中で姿を消す可能性に絶えずさらされているという意識を頭の片隅に置いて生活することなのだ。

だから私は、いつも政治問題に近づかないようにしてきた。グルジャで育った子ども時代、両親が政府に対する不満を言ったり非難したりするのを一度も聞いたことがなかった。両親はすぐ近くにある蒸留酒工場で働き、少ない給料でも、私を含む八人の子どもが食べものに不自由しないようやりくりした。おそらく私たちを育て上げることで頭がいっぱいで、当時からあったウイグル人に対する差別を気にしてなどいられなかったのだろう。ひかえめな家族だったし、いろいろな民族が行きかう大都市から遠く離れた生活だった。

成長するにつれ、私は内気だけれど勉強好きな女子学生になった。大学では、討論につきものの政治的な問題提起には意識的に近づかないようにした。私には政治的な知識がなく、あのがむしゃらな怒りには恐怖さえ感じた。しかし街の空気にはそうした怒りがみなぎっていた。ケリムに出会ったとき、まったく新しい世界が私の前に広がった。当時の私には政治とケリムは同じものだった。彼は何時間でも政治を語ることができた。討論が白熱して論争になると、目が輝いた。私たちのまわりでは、世界各地からやってきた学生がそれぞれ新しい思想をかじっていた。文化大革命による精神的息苦しさはあちこちで徐々に弱まっていた。一九八九年におよそ十万人の学生が北京の天安門広場に集まり、数週間にわたって政府に民主的改革を要求するのはもっとあとのことだが、私たちの学生運動はあの事件に似ていた。

恋愛感情と少しばかりの好奇心から、私はケリムのあとについて一九八五年一二月、ウルムチのデモに加わった。(6) そして、少数民族にもっと平等な社会的地位を与え、ひとりっ子政策を廃止し、中国共産党が新疆ウイグル自治区にもっと自治的な統治を認めるよう求めた。運動はそれまでのものと同じく芽のうちに摘みとられてしまったが、さいわい負傷者は出なかった。警察はリーダー格の学生たちを黙らせ、私たちを含む多くの者は、望んでいたものを手に入れることなく大学の教室に戻った。しかし、ケリムのうちに宿った炎はけっして消えなかった。

二〇〇〇年のある晩、彼は帰ってきても口をきかなかった。志願した職につけないとわかった失望がもとになって、心を決めていたのだ。彼を見つめた私は、その目が、かつて見たことのある抵抗の光をたたえているのに気づいた。「会社をやめるよ」。ケリムはそれだけ言うと、会社のロゴが入った書類ケースを居間に置いた。私はなんてことをしたのだと言ってとがめた。すると彼は答えた。「もうたくさんだ」。じつは私も、彼の言うとおりだとわかっていた。

娘のグルフマールが、最後まで残った結婚式の招待客と別れを惜しんでいたあの晩、私はあらためて、ケリムの言うとおりだと考えていた。これまでにもましてそう感じた。フランスに来て、私たちは自由を取り戻した。いっぽう新疆では、新たな圧政の波が、かつてない過酷さでウイグル人をのみこもうとしている。

私たちにとって限りない喜びそのものの暑い八月、ウイグル民族と中国共産党の対立における新しい重要人物が新疆に現れるという報道があった。二〇一一年から二〇一六年までチベット自治区のトップをつとめ、監視体制を張りめぐらせた陳全国が、新疆ウイグル自治区のトップに任命されたのだ。これを機に、ウイグル人に対する弾圧は深刻になっていった。数千人ものウイグル人が、砂漠のなかに大急ぎで作られた「学校」へ送られた。再教育収容所と呼ばれる施設である。そこでは収容者への洗脳が行われていた。そしてさらにひどいことも。戻ってこられたごくわずかな者は、精神的にひどく打ちのめされていた。

しかし娘の結婚式の晩は、ダンスフロアにまだオレンジ色のほのかな光が当たり、居残った友人たちが金色のショールを肩にかけなおし、中庭で車のエンジンが低くうなっているだけで、新疆の恐ろしい状況を私はまだ知らなかった。まさか数カ月後に自分がその状況に巻き込まれるなんて思ってもみなかった。そのときの私には白いドレス姿のグルフマールと、心を包むような幸福感しかなかった。

# 第2章

## 二〇一六年一一月一九日、パリ

電話の男は、石油会社の社員だと名乗った。「経理部」の者だという。声に聞き覚えはなかった。どういう用件なのか私にはなかなか理解できなかった。男は、私が会社に無給休暇を申し出て、二〇〇六年に新疆からフランスへ移ったことに話を向けた。電話に雑音がまじって声が聞きとりにくい。「カラマイに来て、早期退職の書類にサインしていただきたいのです、ハイティワジさん」「そういうことなら委任状を書きます」と私は言い返した。「カラマイには友人がいますから、その人に手続きをしてもらいます。書類だけのためにそちらまで戻るなんて。サインひとつのために足を運ぶなんて。それに、いままでなければいけない理由があるのですか?」男はどうしても私に来させたい様子だったが、質問には答えなかった。そして、委任状で手続きができるか確認してから二日後にまた連絡する、と言って電話を切った。

会社からの連絡など、もう何年も来ていない。男の急いでいるような話し方を私は感じが悪いと思ったが、話し終えたあと、十年前のことが頭に浮かんできた。ブーローニュの自宅のキッチンを歩きまわりながら、私は黄土色の石でできた大きな建物を思い出した。金属探知機を通ると庭が現れ、バーゲートが客を歓迎するように持ち上がる。私は電話の男を思い浮かべた。おそらく小柄で、長方形の眼鏡をかけた顔で、キャスター付きの椅子に腰かけている。電話の声の向こうからかすかに音が聞こえたエアコンは、彼の後頭部と、勢いよくパソコンのキーボードをたたいている秘書の指先に風を送っていることだろう。彼らのいる部屋はきっと狭くて、外気がほとんど入らず、黄ばんだ壁紙は角のところが剝がれかけているだろう。

私はあの会社が好きだった。そしてあの仕事がたまらなく気に入るようになった。以前は医師か看護師になりたくて、高校を卒業したあと新疆の医科大学すべてに願書を出した。しかし私の成績は合格ラインに届かなかった。それで、石油関係の技術者になるためウルムチ石油大学に入学することになった。好むと好まざるとにかかわらず、私は自然に数学と機械工学になじんでいった。医学生が解剖に臨むように私たちは、電気配線のコネクターからギアボックスにいたるまで、たくさんの機械の腹をあけて内部を研究した。私はとびぬけて優秀というわけではなかったが、なんとか勉強をこなした。製油所の設計図を考えるのはほんとうに好きだった。大判の紙に、鉛筆でまるで建築家のように、煙突やクレーンやポンプを複雑に組み合わせた製油所の輪郭を描いていく。毎月、先生が教室の壁に、できのよかった四つの設計図を貼ってくれる。私はいつもそのなかに入っていた。誇らしかった。

ケリムと私は入社後カラマイに配属された。そのころは、保証される給料が、石油会社での厳しい労働を埋め合わせてくれる額だった。砂漠のなかで、クレーンのすさまじい音を聞きながら働くことに魅力を感じたわけではないが、会社の規則で新入社員は一年間を工場で過ごすことになっていた。倉庫の横に水平に積み上げられた、大きく口をあいた何本ものパイプライン。空中を舞う機械の絶えまない動き。そうした機械の鋭いバケットが、できたばかりの白熱した鉄管を炉から引っぱりだす様子。焼けるようなにおいのする溶接部がきしむ音。そして二本の鉄管の端を作業員が青い火花を散らしながらつなぐ様子を、私は一生忘れないだろう。

次の年、私は郊外に点在する採掘地ではなく、カラマイ支社に配属されたのでほっとした。そこでは生産の安全管理施設を任された。今度もまた大学で習ったことのない仕事にぶつかったのだが、やがてこの仕事が好きになった。数年が過ぎ、私は自分を成長させてくれた会社に感謝の気持ちを抱いていた。ウイグル人に対する差別はあるにしても、会社はケリムと私に、生活の不自由なく娘たちを育てるのにじゅうぶんな給料を払ってくれた。

そして二〇〇二年、ケリムが新疆を出発した。彼がいなくなって、生活は綱渡りのようになった。来る日も来る日も長いトンネルのなかにいるようで、考える余裕もなく、ただうなだれてそのトンネルに飲みこまれていた。私は仕事と育児と炊事と掃除をこなし、どうしているか心配なケリムとは電話で話をするだけだった。ケリムは行政上の手続きがすむのを待ちながらパリの街をあてもなく歩きまわっていた。どの収容センターも満員のときは、民間の受け入れ施設で空きのあるところに泊まったが、その冬はそうせざるをえないことが多かった。それでも身分証明書を手に入れることはできそうだった。亡命の申請が認められたのだ。まもなく、地下鉄の車両やシャルル・ド・ゴール空港のロビーで寒い夜を明かしたことはなつかしい思い出に、入国当時の「つらかった経験」になるだろう。ケリムは、この程度の出来事はどんな冒険にもつきものさ、と言って私を安心させた。

粘り強くて勇気がある彼の性格に、私はいつも引きつけられた。その性格は最近また報われた。ハイヤーの運転手の職が見つかったのだ。彼はウーバーという会社で、自費で仕事を始めた。新疆の元技術者で、仲介者も頼る人の住所もなく、不法入国者としてパリに降り立った彼が、見ず知らずの人たちを夜間、自分の車に乗せることになった。パリに着いたばかりのころ見とれて言葉を失った、美しい街灯に照らされたシャンゼリゼ通りを、いまは車で走り抜ける。車は石畳のコンコルド広場や、レ・アール周辺の湿った路地を行く。湿気でくもりがちなフロントガラスの向こうにいる彼は、着いたばかりのころの苦労を思い出していることだろう。

数カ月が過ぎた。彼がフランスに渡ってちょうど一年目の日になった。行政の審査が終わらず、まだ不安を抱えていたが、彼は感動をあらわにした。電話では、基本的な生活状況についてさえあまり話さなかった。そのかわり、まもなく私たちみんなを迎えてくれるこのすばらしい遠い国に最初の足跡をしるしたことを、私と娘たちに語りたがった。鉄骨を組み合わせたエッフェル塔の話を聞きながら、私は新疆の製油所に高くそびえるぶかっこうなクレーンを連想してしまった。ほかにも、リュクサンブール公園の並木道の静けさ、近代的な建物の窓ガラスが春の日射しに輝き、その下をセーヌが流れる様子、午前のさわやかな空気の話などをしてくれた。時がたつにつれ、彼は突破口を開いていった。パリにいるウイグル人家族ともつきあい、フランス語の勉強も始めた。

私は学校から帰った娘たちにアメリカの連続ドラマを見ることを許していたが、娘たちはその主人公を追いかけるように、カラマイからケリムの行動を追いかけていた。父親の試練のつらさに娘たちは気づかなかった。いっぽう私は、彼に合流する日がくるのが心配だった。それで、二〇〇六年に新疆を出発するとき、私は退職を申し出る勇気がなかった。会社を去って新しい生活に移ることがあまりに大変なことに思えた。ケリムと違って、私は会社のせいで傷ついた経験がない。少なくともいまのところは。それで、更新のできる無給休暇を申し出て、会社での幹部技術者の地位を失わないようにした。もしかしたら私たちは新疆の家に戻ることになるかもしれない。こうして五月二七日、グルフマール、グルニガール、私の三人はシャルル・ド・ゴール空港に降り立った。

娘たちは父親と同じように亡命者の身分を得た。政治亡命を認められたことで、ケリムはフランスに帰化する道を選んだ。中国は二重国籍を認めないので、彼は事実上、中国の国籍を失ったことになる。もし私が彼と同じように中国の身分証を手放したら、新疆に戻ることはできなくなる。血のつながりのある、私たちが置き去りにした、両親やきょうだいや彼らの子どもたちにどんなふうにさよならを言えばいいのだろう。歳をとってからの母親が山のふもとの家で、たったひとりで死んでいく光景が頭をよぎった。中国の国籍を捨てることは母親を捨てることだった。私は決心がつかなかった。

それで、十年ごとに更新できる滞在許可を希望した。

いろいろな問いが頭のなかをかけめぐり、私は静かな居間を見まわした。どうしてあの男は私をカラマイに来させたがるのだろう。警察で取り調べをするための口実だろうか。こういう体験をしたフランス在住のウイグル人を私は知らない。いま私がいるブーローニュの家は昼下がりのけだるさに包まれている。私のほかにはケリムしかいない。白いソファーに腰かけ、疲れたような指先をスマートフォンに当てながらニュースを見ている。そろそろ仕事の時間だ。土曜日は、夜遅くまで客からの連絡がどんどん入ってくる。冬の日光がキッチンの床に射している。静けさのなか、洗濯機がまわるかすかな音だけが響く。ここに来たときは家具も、カーテンも、ソファーもなかった。クッキングヒーターの上にケリムが置きっぱなしにしている鍋があるだけで、あとは居間にいる彼。それを思い出すたびに笑ってしまう。家族はやさしい気持ちで、いまもときどきケリムと鍋のことを話題にする。ほんとうに、私が何週間も家を留守にしてだいじょうぶだろうか。娘たちをケリムひとりに任せて。

石油会社の社員からは二日後にまた電話があった。「ハイティワジさん、委任状には応じられません。カラマイまで来ていただく必要があります」。もう断わる気力はなかった。結局、何枚かの書類にサインすればすむことだろう。「わかりました。なるべく早くそちらへうかがいます」。私は短く答えた。

電話を切ったとき、背筋が寒くなった。この帰省がひどく心配だった。二日前からケリムがだいじょうぶだと言ってくれても、なにか悪い予感がする。一年のこの時期、カラマイは厳しい冬に支配される街になる。冷たい風が通りに吹きすさぶなか、家やビルや店が互いに身を寄せ合っているように感じる。そんな天候に立ち向かって、建物の壁沿いを歩く厚着の人も何人かいるが、たいていは誰も外に出ない。心配なのは気温の低さだけではない。グーグルの検索ボックスに「新疆」と打ちこめば、治安維持を名目とする取り締まりが強化されていることがわかる。何もやましいことがない人でも、ひとたび家を出ればささいなことで逮捕される可能性があることを知っている。取り締まりは以前からあったが、二〇〇九年のウルムチ暴動以来、とくに厳しくなった。

新疆では、二〇〇九年七月の五、六、七、八日は不幸な日々として永遠に残るだろう。ウイグル人が中国で幸せな未来を信じることができていた微妙なバランスが、この四日間ですっかりくずれた。この時期、前代未聞の暴力が、ウルムチの新疆大学周辺に襲いかかった。何十人ものウイグル人が目出し帽をかぶり、棍棒や刃物を持って街を荒らし、相手がウイグル人か漢人かにかまわず、通りすがりの人たちに棍棒を振りあげ、切りかかり、踏みつけた。念のために言っておくが、このすさまじい暴動では、ウイグル人もまた犠牲になったのだ。(1) のちに中国共産党は、ウイグル人全体をこの恐ろしい行為の犯人とみなすようになる。そして、イスラム原理主義と分離独立思想がウイグル人の家庭にひそんでいるとして、ウイグル人を収容所に送る政策を正当化するのである。

当時の私たちには見ることのできなかった写真が、二〇〇九年の暴動のテロ行為を伝えている。写真には、窓ガラスの割れたバスの残骸が散らばるなかを、顔から血を流した女性が両腕に子どもを抱え、泣き叫びながら走る姿がある。子どもが死んでいるのか気を失っているだけなのかはわからない。

ひざをついた何人もの人が、すすり泣きに背中をふるわせながら、店の砕けたショーウィンドーの前や動かなくなった死体のかたわらでじっとしている。

暴動の翌日、漢人たちが反撃に出た。その結果、合わせて一九七人が命を落とした。すでに目立たない迫害を受けつづけていた新疆は、それからは混沌のなかに沈んでしまう。

その年の夏、私は夏期休暇を利用してアルタイに帰っていた。ウルムチから八〇〇キロのこの街で、義理の両親とともに穏やかに過ごしていた。そして、いっしょに来られなかったケリムと娘たちのことを思った。三人はまだ亡命者として、フランスの国籍を申請している状態だった。外では、山々の頂きに黒くて大きな雲がたれこめていた。

攻撃のニュースは、雷雨に先立つ小雨のように少しずつ私たちに届いてきた。はじめは断片的に、しばらくするとまとまった形で。まわりでは、近所の人が、犯人の数はすごく多いと言っていた。また別の人によると、暴動があってから毎晩、ウルムチには、警官が街を「掃除」できるように外出禁止令が出されているという。暴動のさなか運悪く居合わせた人たちも、拘束されたり[2]処刑されたりしたらしい。ほとんど関心を引くことはなかったが、同じころインターネットの接続が切断された。テレビでも暴動についてはまったく報道されず、料理番組と、新疆の豊かな石油資源を取材した番組がいつまでも流れていた。そして一般の人々も暴動に注意を払わなかった。家のなかにまで恐怖が忍び寄っていたのだ。あの暴動のあと、多くのウイグル人がヨーロッパやアメリカに逃れた。

二〇一二年、私は、この国が暴動で負った傷がこれからも長く残ることを悟った。やはり夏期休暇のことだ。私たちは例年のように、家族や友人に会いに新疆へ帰った。しかしこのときは、空港に着くなり重い空気を感じた。私たちは、まず私の母がいるグルジャへ行き、それからケリムの家族がいるアルタイに寄り、そのあと友人たちが住むカラマイに移った。それぞれを隔てる距離はたいへんなもので、砂漠のなかを、ひとりの人間にも出会わず延々と移動する。私たちは、人間の痕跡のない乾いた大地や、草木の生えない丘に風が作ったくぼみをなつかしく眺め、まわりに植物の茂るオアシスを見つけると、近くに川の支流か水源があるのだろうと想像した。

その年、私たちは自然の美しさに見とれてはいられなかった。五〇キロごとに治安当局の大げさな柵があるのだ。検問所だった。五、六人の警官が停車を命じ、車から降りるよう指示し、身分証明書の提示を求めると同時に、車の後部座席、ドア、助手席のグローブボックスを調べる。新疆には以前から検問所があったが、数はこれほど多くなかった。

カラマイはまるで占領下にあるみたいだった。人でにぎわう大通りを、漢人の警官たちがパトロールしている。警官がいることはその制服で気づくだけでなく、たとえ私服であっても、街角に数人ほどで集まっていることで推察できる。新疆では誰が警官で誰が警官でないかがけっしてわからない。警官は群衆のなかにまぎれている。その年、私はヴェールをつけた女性たちとあごひげを生やした男性たちが身分証明書と携帯電話を見せるよう命じられているのを目にした。かつては、警察がある人物に疑いを抱くと、警察署でお茶を飲もうとその人物を誘ったものだった。ケリムが地元の警察署からメールを受けとったあと、家を出ていくのを何度目にしたことだろう。そのたびに私は、もう戻ってこないのではないかと考えて身ぶるいした。しかし今回、彼らは人々をお茶に誘う手間もかけず、路上で調べているのだ。

やはり、私は新疆に戻りたくない。しかし、ケリムが言うとおりだろう。心配することはない。二、三週間の滞在ですむはずだ。「きっと警察署で事情を聞かれるだろうが、うろたえなくていい。ふつうのことなんだから」と彼は言った。「こちらの生活の場はフランスにある、それはカラマイの警官も知っている。彼らにはきみを引きとめることはできない」。私は自分のなかで聞こえる声を黙らせた。ふくらんでいく悪い予感に耳を貸すのをやめた。できるだけ早く片づけて、この面倒なことから解放されたい。居間のローテーブルに置いてあったタブレット端末をつかんで、新疆行きの飛行機を検索する。二〇一六年一一月二一日というその日、私はカラマイ行きの航空券を帰りの分と合わせて買った。行きが一一月二五日、帰りが一二月一一日だ。出発の日、ケリムが車から荷物を降ろしてくれているとき、私は娘たちを強く抱きしめた。私たちはふだん、感情を表に出すことはほとんどない。ごくまれに感情が高ぶると、私は何を言えばいいかわからなくなる。私たちの家族は、結婚式は別としてほとんど泣かない。

留守にするのは二週間だが、私たちは動揺していた。それで、場をなごませるため、また実際そう思ってもいたので、私は「無事でいられるといいのだけど」と言った。「おい、何を言い出すんだ」という意味のことをケリムはつぶやいた。グルニガールはほほえんだ。グルフマールは、縁起の悪いことを言っちゃだめよと顔をしかめた。彼女はそのつもりもなしに真実を言い当てていたのだ。

# 第3章

## 二〇一七年一月二九日、カラマイ

背後で留置場のドアが閉まった。何時だろう。きっと遅い時刻だ。少し前に外が見えたが、もう日が暮れている。蛍光灯のまぶしい照明の下に、うとうとした人間のからだがある。狭い部屋のなかで、睡魔におそわれているらしい看守がふたり、目をなかば閉じてまっすぐに立ち、その正面には眠っている女たちが、規則的な寝息をもらしている。彼女たちは受刑者用の服を着ていたが、そのときの私はそれに気づく余裕がなかった。私はついさっき看守にはめられた足首の鎖に四苦八苦しながら、そのとき聞いた言葉に打ちのめされていた。「これだけじゃないぞ。これはほんの序の口だ」。私は体力も精神力も消耗してしまった。彼らはあまりに数が多かった。私がいくら声を張りあげて、そんなことは嘘だと訴えてもむだだった。結局、あの腹立たしい書類にサインして「暴動の集まり」に参加したことにするほかなかった。そしていま、希望が絶たれた。

寒さと臭気が耐えがたかった。警官の手でここへ連れてこられたとき、バラック群に通じる門の上に看板があるのに気がついた。「カラマイ留置場」と書かれていた。私は刑務所に入る一歩手前にあって、厳重に監視されている。質問をしても、誰も答えようとしない。誰も、何も言ってくれない。しかし、一カ月前にパスポートを没収されたとき、ケリムは電話でこう言って安心させた。「やつらはきみに何もできない。家族がフランスにいる以上、理由もなくきみを引きとめる権利はないのだから」。そして「心配しなくていい」と言いそえた。

時間の順序にしたがって語りなおそう。新疆に着いて数日後、会社をたずねたときのことから。一月三〇日だった。その日の朝、早期退職の書類にサインするため会社に行った。ところどころ壁の塗装がはがれた事務室のなかに、経理部の少しかん高い声の漢人社員がいた。パソコンの向こう側に彼の男性秘書がいるのがわかった。事務室の入口では、カラマイの自宅に私を泊めてくれる友人のアイヌールが、ショールのふさ飾りを、人差し指で落ち着かない様子でくるくる回していた。

私がカラマイに来ると、アイヌールはいつもベッドと食事を用意してくれる。彼女は中心街にひとりで住んでいる。息子のハーキムは南部の街で学校に通い、娘のムニールはフランスにいる。会社へ向かう車のなかで、彼女は自分の考えを口にした。「それにしても、書類だけのためにわざわざ呼び出すなんて少し変ねえ」。私はそれを聞いてはいたが、気持ちがしんみりして上の空だった。彼女と再会できてうれしかった。車の窓の向こうに、覚えていたとおりの風景が現れては消えていく。彼女は私にあまり不安を与えるのもよくないと思ったようだ。「まあ、この国はばかげたことだらけだけど」。さきほどからの話をそうしめくくると、軽い話題に切りかえた。

小さい事務室のなかで、私はたくさんの書類を、罠がしかけられてはいないかと注意しながら丹念に調べた。サインする書類が残り二枚になったとき、男が三人入ってきた。みな大柄のウイグル人で、私服姿だった。アイヌールは彼らを見てびくっとした。突然、彼女の小麦色の顔が青白くなった。彼らは警官だったのだ。しかしケリムから手出しはされないと言われていたので、私は心配しなかった。ケリムの頼もしい言葉を何度も思い返しながら彼らを待ち受けていた。彼はこう言ってくれたのだ。「きみはフランスから来た人間なんだ。きみが二週間の予定で旅行していることは、空港に着けばやつらにわかる。何か聞かれるのは当然さ。心配しなくていい」。男たちは逮捕の理由をていねいに説明したりはしなかった。そのうちのひとりが簡単に告げた。「聞きたいことがあります。いますぐご同行願います」。いちばん大柄な男に手錠をかけられながら、私はアイヌールに、ケリムから言われたことを繰り返した。「なぜ怖がるの？　心配ないわ」。そして彼女をしっかりした目で見つめてから、歩きだした。彼女はぼうぜんとした表情のままうなずいた。

のちに彼女は、あのあとトイレに駆けこんで吐いたことを打ち明けた。

取り調べはカラマイ市のクンルン警察署で進められた。私たちは警察署へ行くため、会社から一〇分ほど車に乗った。私は車のなかで、彼らがしてくるであろう質問を待ちかまえた。どんな攻め方をされるか、あらかじめ予想した。警察署の受付に荷物をすべて預けたあと、狭くてがらんとした小部屋に連れていかれた。取調室だ。こういう部屋を見るのは初めてだった。机をはさんで一方の側に警官用の椅子がふたつ、もう一方に調べられる者、いまの場合は私の椅子がひとつ。エアコンがかすかな音を立てている。隅に、うす汚れたホワイトボード。ほの白い照明。

彼らはまず私のフランス行きに言及し、フランスへ行くことにした理由、パリのデファンス地区の食堂での仕事、それに続くパン屋での仕事へと移っていった。どんな質問にもそなえていたので、やりとりは穏やかな卓球のラリーのようになった。彼らは質問の、私は返答のボールを打ち返す。警官たちは愛想のいい態度で、フランスは一般に言われるように美しい国なのか、夫や子どもとあちらで暮らせて幸せか、食べものはおいしいか、などと聞いてきた。そのうちにひとりが水の入ったコップを差しだした。私はいらないと言った。「疲れてない?」彼は気づかうように話しかけてきた。のちに私は、なごやかな会話をしながら相手を油断させるこのやり方を警戒するようになる。けれどもこのときはまだ経験が浅かった。

やがて、警官のひとりが目の前に写真を突きつけてきた。私は血が逆流するような気がした。もっとおおぜいの人間が写っていたとしても、その顔が誰かわかっただろう。ふくよかなえくぼ、鼻筋のとおった細い鼻。写真を近づけてみる。ああ、それはグルフマールだった。パリのトロカデロ広場と思われる風景を前に、黒いコートを着てポーズをとっているが、そのコートは私がプレゼントしたものだ。写真のなかで彼女は、東トルキスタンの小旗を持ってほほえんでいる。フランスウイグル協会が催したデモが終わったときの姿だ。亡命ウイグル人を代表するその団体が、中国による新疆での弾圧に抗議するために行ったデモである。

フランスでは、それぞれ政治的傾向があってもなくても、こうした集まりは何よりも、イード・アル＝アドハーや春の祭りのノウルーズ(1)と同じように、みんなが再会する機会になっている。新疆での弾圧に抗議するために行くだけでなく、グルフマールのように、そこで友人に会い、新疆を離れた結果失った人間関係を築きなおすために出かける。当時、ケリムはよくこの種のデモに参加していた。娘たちが参加したのは一回か二回だ。私は一度もない。前に言ったように、私は政治が苦手だった。新疆を離れてから、政治に対してはいっそう無関心になった。

突然、男が机をたたいた。

「その若い女を知っているか？」

「はい。私の娘です」

「おまえの娘はテロリストということだな」

「いいえ。娘がどうしてこのデモに行ったのかわかりません」

私はひたすらくり返した。わかりませんと。娘がそこで何をしていたのかわかりません。悪いことはしていないと断言します。娘はテロリストじゃありません。私の夫も。どうしてあそこにいたのでしょう……。

うまく思い出せない。やりとりの残りの記憶が薄れている。記憶にあるのはあの写真、詰め寄るような質問、私のむなしい答えだけだ。取り調べが三十分だったのか四時間だったのかも覚えていない。

しまいに、私はうんざりして言った。「これで終わりですか？　もう行っていいですか？」すると、ひとりが重々しい声で答えた。「終わりじゃないよ、グルバハール・ハイティワジ。まだ始まったばかりだ」

私は胸がつかえたような感覚で、荷物をまとめた。外に出るとほとんど日が暮れている。スマートフォンにはケリムからの着信がいくつもあった。いまは午後五時半。朝の一〇時から音信不通にしていたことになる。ケリムは七時間以上、私と連絡がとれずにいる。ひどく長い時間を新疆で過ごした気がする。ふるえる手でケリムを呼び出した。「どこにいるんだ？　心配したよ。元気か？」

私はあったことを全部話した。警官の前では流さなかった涙が落ちて、首筋を伝った。それから、途方にくれ、泣きはらした目で、でも少しだけ元気を取り戻して、アイヌールの家までよろよろと歩いた。「ああよかった！　帰してくれたのね」。彼女はそう言うと、ぎゅっと抱きしめてくれた。帰してもらえたのか、私は確信が持てなかった。わずか数時間のうちに、母国の人質になってしまった。中国のパスポートなしでは新疆から出られない。私は、一二月一一日のパリ行きの便に乗れるかどうかが取り調べのなりゆきで決まるまで、この街をさまよっているほかなかった。

がまんできないほどの待機を強いられるうちに日が過ぎていった。取り調べを担当した警官は毎日電話してきて、私に長距離の移動をさせないようにした。その電話がくるたびに、フランスへ戻る希望が少しずつくずれていく。警官は「まだいろいろ調べないといけない」と言い、底意地の悪い口調で「待つしかない」、「辛抱してもらわないと」と付け加えた。檻のなかのライオンのように、私は脱出できる場所を必死に探しながら新疆を行ったり来たりした。グルジャでは母親の家に、カラマイではアイヌールの家に行った。脱出方法を教えてくれる者は誰もいない。おまけに、パスポートを没収された話をした場合、聞き手の友人たちにも迷惑がかかるおそれがあった。レストランで食事をともにするとき、私はときおり、隣りの友人にパスポートの話を打ち明けた。すると彼らは店内のざわめきのなかでささやくのだった。「そう、この街では、警官はどんどん意地悪になっているね」。私の友人たちは人一倍勇気があるけれど、彼らの返事は形ばかりで期待はずれだった。同時に私は、彼らもまたこの国の人質になっていることを実感せずにいられなかった。祈ったり同情を寄せたりする以外、友人も家族も私に力を貸すすべがないのだ。

何週間かが過ぎ、私は偽造された起訴状が、警察署のなかに置かれた私の書類に積み重ねられていくさまを思い浮かべた。警察署までの行き来に疲れはてて、新疆のウイグル人によく見られる体制順応に少しずつ陥りつつあった。中国の旧正月の前日までは。その日、ふたたび警官が電話してきたのだが、今回、その声からは調査が進展したことがうかがわれた。「ただちにカラマイに戻りなさい。いますぐに！」私はいつものやり口にちがいないと確信して腹を立てた。「無理です。正月を母の家で過ごしますから」。すると警官は言った。「パスポートを返してほしくないのか？」

私は気が動転した。翌日、母に別れのキスをすると、希望に胸をふくらませてカラマイ行きの始発便に乗りこんだ。なんて単純だったのだろう！　警察にはパスポートを返す気などなかったのだ。それは、私にまだ少し残っていた冷静さを打ち砕くための策略だった。いつまでたっても変わらない一連の質問のあと、書類を仕上げるための事務的手続きと健康状態のチェックらしき問いかけをしてから、彼らは私をカラマイの留置場へ連れていった。そのときから数時間たつが、すでに途方もない歳月がたったように感じる。

本来なら自宅に戻っているはずの日からもう五十日になる。ブーローニュの家ではケリムとグルフマールとグルニガールが不安にさいなまれていることだろう。新疆の家族は電話に出ない。友人とも連絡がとれない。新疆で私の姿を見た者を、ケリムたちは見つけることができなかった。カラマイの気温は下がりつづけ、マイナス三〇度に近づいた。そのころ、ケリムはあることを思いついた。新疆の諜報員とコンタクトをとればいい。彼らなら、妻の書類を閲覧できる。彼らなら、妻がどこにいるか突きとめられるだろう。ケリムは諜報員をひとり知っていた。かつてケリムがすすんで力を貸したことのある人物だった。

まだ私たちが夏休みに新疆へ行っていたころ、着いてすぐのタイミングで、ケリムの電話が鳴ったものだ。番号が非通知になっているその着信に出ると、男が自己紹介する。男はほんとうの身分も職業も告げず、ただ街のホテルの一室へお茶を飲みにくるよう誘うのだ。妙な提案ではあるが、中国人にとってはそうでもなく、ウイグル人、しかもケリムのような政治亡命者にとってはなおさら、妙ではなかった。中国では、警官から「お茶を飲みにいらっしゃい」と言われたときどう対処すべきか、みんなが心得ている。それは取り調べがあるから出頭しろ、という意味だ。断わる者はいない。男はケリムにホテルの住所を告げて、電話を切る。

ホテルでのやりとりは、警察署の型どおりの職務質問とはちがっている。そうした男たちは中国の諜報員にほかならない。社会的地位が高く、尋問の方法を知りつくしていて、なごやかな会話の口調から相手をふるえあがらせる口調へと、一瞬にして切りかえることができる。私たちがどこへ行き、誰と会うかを監視するため特別に採用された公務員である。「滞在中は何をするの？　具体的な仕事は？　あっちのウイグル人とつきあいはあるのか？」それから急に「フランスウイグル協会がラビア・カーディル(2)のために活動しているのを知っているか？　ほら、あのテロリストの女だよ。ウイグル協会の催しに行ったことは？　あの連中に近づくんじゃないぞ」。ケリムはあたりさわりのない返事をした。ホテルの閉ざされた部屋のなかで、ケリムは彼らが満足する程度の情報を与えながらも、フランスウイグル協会へのかかわりについては明かさなかった。時がたつにつれて、彼もまた取り調べにどう対処すべきかがわかってきたのだ。

双方のやりとりは親しみをともなうもので、しまいには友好的になった。しかしふたりとも、重大な権限が暗黙のうちに定められていることを知っていた。ケリムが突然呼び出しに従わなくなれば、中国当局は指をパチンと鳴らして彼を消すことができるだろう。中国はつねに、新疆から何千キロ離れていても、彼に目を光らせている。中国共産党が彼を静かに生活させておくことはありえない。「呼び出しにはひきつづき応じてもらいたい。きみに会う用がまたあるだろうから、連絡なしに新疆を離れないでくれ。それから、フランスに帰ったら中国と習近平についていい話をするよう心がけてほしい。いいね？」部屋を出るころ、ケリムはへとへとになりながらも、ほっと胸をなでおろすのだった。
新疆では警察がどこにでも存在するので、人々は恐怖を感じながらも、警官と職務質問を受ける者との関係がときおりあいまいになる。ケリムはいまも強い口調で、自分は一度たりとも密告したことはないとくり返す。彼はそのことに誇りを持っている。「お茶がおいしくてその場にいたのさ」。私たちのあいだに気まずい沈黙が生まれると、彼は冗談めかしてそう言った。あの男たちはケリムにとって縁を切るわけにいかない「コネ」で、そんな理由から彼らのひとりの連絡先がスマートフォンに登録されていたのだ。その日、私と連絡がとれなかったケリムは、その諜報員に当たってみようと考えた。

それとならんで、二〇一七年に入ってから、グルフマールが自分のスマートフォンに登録した連絡先を調べていた。友人のひとりはカラマイの広告会社で働いていた。別の友人は夫がカラマイの警官だった。このふたりなら、手がかりとなる住所や名前、電話番号を見つけられるにちがいない。そこでグルフマールはふたりにメッセージを送った。広告会社の友人は《WeChat》〔中国のコミュニケーションアプリ〕で「心配しないで。とくに警官はたくさん知ってるから」と言ってきた。もうひとりは、お母さんの書類はカラマイ警察署のデータベースにあるはずだから、夫に頼んで調べてもらうと約束してくれた。

数週間が過ぎた。心配になったグルフマールが催促しても、返事はなかった。やがて、広告会社の友人が、《WeChat》を受信拒否の設定にして連絡がつかないようにしたことがわかった。その友人の助けはもう期待できない。もうひとりは「連絡してこないで。夫に迷惑がかかりそうなの」と書いてきた。グルフマールの前に沈黙の壁が立ちはだかったのだ。やがて、ケリムも同じ反応にぶつかる。諜報員はひかえめにこう答えたのだった。「奥さんの情報は何もつかめないよ。私がやってみたところで、取り調べ書類を見られるわけがない」。電話をとったケリムは驚きのあまり声を張りあげた。「どうすれば行方がわかる？　どこかにいることはまちがいないんだ！　生きてるんだ！」「いいかい、新疆は中国のほかの街とは事情がちがうんだ」。カラマイから遠く離れて退職後の生活を送っている男はそう言った。奥さんは再教育収容所に送られている可能性があるが、再教育収容所に送られた者のファイルはデータベースにないか、どこか奥深くにしまわれていて見つけることができないという。そして、新疆の行政機関で安定した地位にいる人々でさえ不安を覚えながら暮らしていると付け加えた。

　コネがあるだけでは足りなかった。私を知っているというだけで危険がともない、拘束されるおそれがあるのだった。外国の人間と連絡をとりあうだけで、長時間取り調べを受けることになりかねない。あの諜報員とグルフマールの友人たちはどうなっただろう。尾行されたのか。脅されたのか。取り調べを受けたのか。反体制派への協力を疑われたのか。それはケリムにもグルフマールにもわからない。ひとつ確かなのは、諜報員の言葉が正しいということだ。新疆は中国のほかの街とは事情がちがう。当局が誰かを抹殺することはまちがいなくある。そういうことが容易にできてしまう。

　やがてグルフマールは、頼りになるのが自分しかいないことを悟った。グルニガールは歳が若すぎる。ケリムのフランス語の能力は、行方不明者の家族の声を広く伝えることができるほどには上達していない。デモ、トロカデロ広場で振られた旗、新疆の再教育収容所に送られた者たちの顔写真の掲示、そうしたものはいまや何の役にも立たない。それらは見る人の共感を誘うかもしれないが、行動に駆りたてることはない。それに、グルフマールはいままで、デモが気に入ったことがなかった。「亡命してきたかわいそうな女の子」と思われるのが嫌だったのだ。それで彼女は、弁護士や政治家やジャーナリストと会うためにあらゆる手を打つことにした。彼女の目的は、私の身に起きたことを広く世に知らせることだった。

# 第4章

## 二〇一七年一月三〇日

声がうなるように大きくなっていく。まるで誰かがラジオのボリュームを上げているかのように。音量がこれでもかというほど強くなる。騒々しい小鳥の鳴き声。いや、子どもたちの声だ。子どもたちは共産党をたたえる歌を歌っている。愛国歌の派手なリズムが私をとらえ、昨夜、気がたかぶってよく眠れなかったせいでしびれた目をあけた。留置場で過ごす最初の夜だった。その夜の記憶はブーメランのように戻ってきて、そのたびに腹のあたりがきりきりと痛む。涙が止まらなくなり、心臓の鼓動を感じなくなり、不安で胃がけいれんした。そして、汚れていて薄すぎる靴下は、拘束用の鎖のせいで足首のところへ下げることができない。どのくらい眠ったのだろう。数分？ 一時間？ すぐそばで丸くなって寝ている褐色の髪の若い女は誰だろう。

部屋の、むきだしになった灰色の壁に視線をさまよわせる。昼も夜も消えることのない蛍光灯のきつい光の下で、壁の表面のでこぼこがいやでも目に入る。すでに、看守の足音が聞こえてきた。ここに入ってまもない若い女たちは、うつろな目で灰色の毛布から身を起こし、それぞれベッドの端にすわると、両手を開いて腿の上に置いた。ウイグル人がふたり、漢人が七人いた。私たちの顔立ちは同じではない。私たちは同じ民族ではない。ウイグル人はオリーブ色のほとんどくすんだ肌をしていて、年齢とともに肉づきがよくなっても顔立ちは角ばっている。漢人は肌の色が明るく、東洋人特有のふっくらした皮膚をしている。漢人の女性はほっそりしていて、ウイグル人女性のような丸みのある体の線を持っていない。彼女たちはアジア系で、私たちはテュルク系だ。

私がみんなと同じようにすわったとき、調理師だとわかる係員がふたりの看守につきそわれて部屋に入ってきた。女たちはそれぞれひとつずつ椀をつかんだ。私もそうした。かたいパンが差しだされ、椀のなかに汁を入れる耳ざわりの悪い音がした。灰色がかった米のスープだ。胸がむかついた。めまいがする。これは現実なのだろうか。

女たちのなかに、見覚えのある褐色の髪の子がいた。アイシェムだ。私を好意的に迎えてくれたのが彼女だった。昨夜、ひどい言葉と不当な仕打ちを受けた一日のあとで、彼女のやさしさが身にしみた。足首を拘束されてふらつきながら小声で嘆いていた私に、彼女は部屋のなかの静まり返った場所を見せてくれた。体を洗うための冷たい水が細く出る、ぐらぐら揺れる洗面台。用を足すためのプラスチック製バケツ。ずらりとならんだ、薄い毛布におおわれた金属製のベッド。上にかけるものはその薄い毛布しかなかった。

「洗うのを手伝いましょうか？」と彼女は言った。そして手さぐりで、私の髪を洗ってくれた。私が鎖の重みでよろめくと笑いだした。ふたりとも、大きすぎるズボンをはいて足がもつれる演技をするきゃしゃなピエロのようだった。ひとしきり笑いあったあと、アイシェムは眠っている女たちのなかに私の場所を作ってくれた。肌ざわりの悪い合成繊維の毛布にくるまると、私はたずねた。「ここに来てどのくらいになるの？」「二カ月よ」と彼女は答えた。

アイシェムは二十二歳で、私の次女のグルニガールとほとんど同い年だった。褐色のしなやかな髪を腰までのばしている。義理の母が、トルコに亡命した知人に送金したことが理由で彼女が逮捕されたという。知人というのは義理の母の子どもらしかったが、アイシェムははっきり言わなかった。家に警官がやってきて、家族全員にあたる義理の母、夫、彼女の三人が連行された。二カ月前のことだった。その後、義理の母が拘留中に歩けなくなったことを知った。取り調べのときは車椅子で運ばれているという。

当局にとって、外国で暮らしたことのあるウイグル人や外国で人づきあいのあったウイグル人はもっとも危険な存在なのだ。そういう人間はスパイとみなされる。彼らには「西側の重大な裏切り」なみの厳しい裁きが定められている。アイシェムは拘束されてから「政治的理由」でつかまったと仲間から言われるようになった。それは私とアイシェムの共通点だった。

壁に取りつけられたスピーカーから雑音まじりの声がひびく。そして私にはわからない中国語で何かをどなった。新疆では私の中国語は完璧だったが、家ではウイグル語を話していた。中国語は、会社にいたころ必要に応じて使っていたにすぎない。フランスに渡ってから、中国語は頭の隅にしまいこんでしまった。おや、あそこに監視カメラがある。天井に近い壁で、カメラのランプが点滅している。私たちの誰かが洗面台からベッドへ、ベッドから洗面台へと移動すると、カメラがそれを追って動く。ジー、ジー。なんともいやな感じがする。カメラは私たちをばかにし、侮辱する。私はありったけの怒りをこめてカメラをにらみつける。想像のなかで私は、頬をぬらすほどの涙でかすみながらも憎しみを宿す自分のまなざしで、カメラをこっぱみじんにした。くぐもった声がふたたび聞こえた。「二一番？　はい！　三一番？　はい！」背筋をぴんとのばしてベッドの端にすわっている女たちは、それぞれの登録番号を呼ばれると立ち上がる。私も同じようにしたが、慣れていないせいでよろめいた。

この軍隊式のしきたりに、別の訓練がいくつも加わる。その目的が私たちの頭の働きを鈍らせるためか、することのない日々を埋めるためか、あるいは収容所に入れる前に下準備させるためなのか、私にはいまだにわからない。当時は、そういう自問さえしなかった。そもそも再教育収容所の存在を知らなかった。現在の瞬間だけに集中していたのだ。留置場の二〇二号室では、行動のきまりを頭にたたきこむことで、暗い考えから逃れることができた。実際私は、少し自由な時間ができるとすぐ、暗い考えで頭がいっぱいになった。ここではちょっとしたミスにもいろいろな罰が下されるが、行動のきまりにしたがっていればミスを犯すこともない。やがて、点呼が終わった部屋に小声の会話が戻ってくる。ざわめきのなか、アイシェムが近づいてきた。

「大事なのはこれを覚えることよ」。彼女は寝床の向かい側の、正面の壁に貼られたポスターを指さす。そこには二〇二号室の規則がウイグル語と中国語で書かれている。頭がばかになるような義務と、実際には存在しない権利がならぶ。毎朝それを暗誦しなければならないので、ひとつ残らず完全に覚えなければならなかった。アイシェムは説明する。「スピーカーの声がだしぬけに誰かひとりの名前を呼ぶことがあるの。そうしたら立って、気をつけの姿勢をして、あのきまりを中国語で唱えるのよ。ぐずぐずしたり、きまりを覚えていなかったりすると、罰を受けることになる」。罰？ 私たちにいったい何をするのだろう。灰色の冷たい壁に貼られたきまりを、あらためて見つめる。そして不平を言わずひとつひとつ頭に入れる。罰を受けたくはない。絶対に。だから覚える。

―ウイグル語を話してはならない。

―祈ってはならない。

―けんかをしてはならない。

―ハンガーストライキをしてはならない。

―病人が医師の治療を受ける必要があるときは、治療から逃げてはならない。

―命令に背いてはならない。

―壁に絵を描いてはならない。

―衛生管理の規則に背いてはならない。

権利について記された文字のなかには、「自らの信仰を自由に行う権利」、そして「自らの弁護のために弁護士を依頼する権利[1]」とあった。

すべてを暗記することは、私の最初の抵抗だった。相手に、こちらを罰して侮辱する余裕や楽しみを与えないようにするのだ。

# 第5章

## 二〇一七年四月一五日

私は罰を受けたが、どうしてかはわからない。ある日の朝、看守が入ってきて、何も言わずに私の足首の鎖をベッドの格子につないだのだ。二週間前のことだった(1)。それ以来私は金属製ベッドのヘッドボードによりかかり、ほこりだらけの床にすわりこんだまま生活している。夜は藁《わら》の寝床の上に苦労してよじのぼる。

まわりでは、つきっぱなしの蛍光灯のせいで昼夜の感覚がなくなる状態のなか、二〇二号室の終わりのない生活がまた始まった。拘留とは、こういうことなのだ。つまらない食事がくる日もくる日もくり返され、それを運ぶ調理師には、ここの実情を外にもらさないよう、耳と言葉の不自由な人たちが選ばれている。メニューは米かとうもろこしの粉のスープ、キャベツのスープ、パン、週に一度の卵。私はだいぶやせて、ウエストを両手ではさむと、人差し指と親指どうしがふれあうほどだった。拘留はまた、オレンジ色のだぶだぶの囚人服を着て、目に隈をつくったゾンビたちの行進でもある。部屋を出入りするときも、ひとつしかない洗面台を使うときも、私たちは列をなす。昼間は、スピーカーから中国人の声が騒々しくひびく。その声が私たちに行動を指示すると、可動型の監視カメラが動きはじめる。夜は、どうにか寝入ることのできる二、三時間のあいだもカメラに追われつづける。

ここにやってきた二カ月半前、私たちは新入りだった。いま、部屋の人数は三十人ほどに増え、そのほとんどがウイグル人だ。名前は覚えていない。イスラム教の聖地メッカへ行った者、禁止されている宗教的なCDを売った者、酒を出さない結婚式に参加した者、顔をヴェールでかくした友人の誕生日パーティーに行った者などがいた。アイシェムは毎日、入浴や用便を手伝ってくれた。まずバケツを持ってきてくれる。ぬれた髪をスポンジでふいてくれる。しばらく前から彼女は私をママと呼ぶようになった。

詳しくは思い出せないが、規則正しい生活のきまりがあって、そのきまりで定められた取り調べだけが、日常生活の退屈さに緊張を与えていた。取り調べは私の唯一の希望だった。それがあるからには、新疆のどこかにある警察署で、警官たちが私の書類を調べて起訴すべきかどうかを検討しているはずだ。それがあるからこそ、フランスでケリムとグルフマールとグルニガールが、私の行方を突きとめようと大変な努力をしていると確信できる。取り調べが重なれば重なるほど、私が忘れられるおそれはなくなる。

二〇二号室では、どんな呼び出しも一大事件だ。スピーカーの声が登録番号を告げる。「七番、取調室へ！」七番の女は仲間から離れ、ドアに近づく。ドアの掛け金を開ける音。仲間は心配とうらやましさがないまぜになった表情で、いっせいに彼女を見つめる。ときおり、出ていったきり戻らない者がある。彼女たちは、ある冬の晩、このまぶしい蛍光灯の下にやってきたときと同じくらい急にいなくなる。何があったのかはけっしてわからない。釈放されたのか？　そう信じたがる者もいる。しかし私はそうは思わない。自分の番号を呼ばれるたび、私は死刑になるのではないかという恐怖にとらわれる。自分の事案が彼らを手こずらせていることだけはわかる。

私は三回、取り調べに呼び出された。同室の女たちは「回数が多いわね」と言った。アイシェムは「希望が持てそうよ」とささやいた。ケリムは私を誇りに思ってくれるだろう。警官を前にして自尊心を失っていないから。けっして屈服しないから。もしかするとそのために、私はベッドにつながれたのかもしれない。いちばん最近の取り調べでは少し自分を出しすぎた。

数日前だった。取調室へ行くには、床がリノリウムの、窓のない通路を歩く。私は後ろ手に手錠をかけられ、いやなにおいのする頭巾で顔をおおわれた。頭巾の編み目ごしに、通路にそって、二〇四号室、二〇六号室、二〇八号室が見えた。一見、人はいないようだ。しかしきっと、どの部屋も二〇二号室のように収容者でいっぱいだろう。部屋いっぱいに詰めこまれているあの人たちは誰だろう。左側に別の通路が現れた。その先に取調室がある通路だ。錠前を開ける音がして、警官がゆっくりとドアを押す。見えない手が頭巾を脱がす。私は、初めから取り調べを担当している警官のひとり、アブラジャンの前にいた。

アブラジャンはウイグル人で、色白のやつれた顔をした、身長一七〇センチのすらりとした男だった。制服は着ていない。笑顔が魅力的で、二カ月半も彼から苦しめられる立場でなかったら親しみを感じるところだ。これまでと同じく、彼は看守に、自分の向かいの椅子に私をすわらせるよう指示した。これまでと同じく、ふたりの警官は私を手荒な動作ですわらせる。彼らは私のしびれた両手をねじ式の拘束具で椅子の肘かけに固定し、部屋を出ていく。アブラジャンと私のあいだには鉄格子の仕切りがある。彼の左には赤いペーパーホルダーがあり、そこには下の端にスタンプが押してあるルーズリーフの紙と写真が詰まっている。私の書類だった。

取り調べはいつも次のような動作で始まる。アブラジャンが目の前の書類を開き、それをむぞうさに点検し、ときおり、一枚の写真や資料に不満をもらすかのように咳ばらいして部屋の静けさを破る。手札を前に、強い札と弱い札を見くらべるギャンブラーみたいだ。写真のなかに、パリで催されたデモで東トルキスタンの水色の旗を振っているグルフマールが写ったものがある。そのにこやかな目とはじけるような笑顔が、給与明細書と賃貸借契約書のあいだにはさまっている。その写真こそいちばん重要な資料で、私がここに閉じこめられるただひとつの理由だった。取り調べの流れに応じて、彼はそれを何度も引っぱりだし、机の上の目につく場所に置く。長時間にわたって、彼は質問の合間に、いつも変わらない決定的なせりふを口にする。「あなたの娘はテロリストだ」。長時間にわたって、私はきっぱりした口調で同じ返事をする。「いいえ、娘はテロリストではありません。どうしてあのデモに行ったのかわかりません」

するると、打ちのめされている私の気持ちをさらに弱らせるため、彼は罠をしかけてくる。初めのうちは、亡命者である私たちのフランスでの生活をあれこれたずねる。「フランスの生活はどう？　あっちではどんな仕事をしてる？」やがて急に、外国へ亡命したウイグル人の写真を差しだして、こう言う。

「この男は知っているか？」

「会ったことありません」

「それじゃこの女は？　この男は？」

「知らないです、ほんとうに」

それは嘘で、ヨーロッパの大都市のデモで撮影された数々の写真には、ときおり、友人や知人の顔が写っていた。しかし私はいつも知らないと答えた。この突破口に侵入させたら私はおしまいだ。アブラジャンは私が「テロリストたち」と会っていると上司に報告するだろう。私は刑務所に送られてそれっきりになる。最悪の場合は死刑になる。それで私はひたすら口を閉ざし、攻撃をかわした。もう相手の策略には引っかからない。どんな手口を使うかは知りつくしている。目の前には写真がごちゃごちゃに積まれている。撮影された人数は驚くほど多い。私と同世代の女たち、ケリムと同世代の男たちのほか、青年男女の若々しい顔もある。私たちがどんな悪いことをしたというのだろう。中国は世界各地の在外ウイグル人の若者を調べている。亡命した若者が中国にとってどんな脅威になるというのだろう。とにかく共産党は私たちをネズミのように追いつめるのだ。

刃向かえば刃向かうほど、訴因を詰めこんだ分厚い資料が、私を怖がらせるためのまやかしにすぎないことがわかってくる。取り調べでは多くの場合、私たちが新疆を離れた二〇〇六年の事務手続きの具体的な内容がとりあげられた。アブラジャンは、外国への出国に先立つ、底なしの井戸のような中国の手続き――私たちのアパートの賃貸借、娘たちの通学の終了手続き、私が会社に提出した休職願い――を前にして途方にくれていた。彼の疑い深そうな表情とばかばかしい質問に私はいらいらした。私は「集会によって公的秩序を乱した」として拘束されているのに、この役人は書類の話をするのか？

「なぜフランスはあなたに滞在資格を認めたんだ？」

「わかりません。あちらで外国人がやる手続きにしたがっただけです」

「パスポートの有効期限は五年だが」

「大使館で更新しました」

「フランスはあなたのようなテロリストを保護するのか？」

「さあ。直接聞いてみたらどうですか」

明らかに、彼らは私についてたいした証拠をつかんでいなかった。それを証明するように、例の赤いペーパーホルダーが置かれた取調室での日々は、脅しと威嚇の色が濃くなっていった。そのころ、疲労感が押し寄せてくるなか、私はラビア・カーディルの勇気に思いをはせた。アメリカに政治亡命した夫に「機密扱い」の資料を渡したとして、「国を裏切った」罪で一九九九年から二〇〇五年までウルムチの刑務所に入れられた、外国へ亡命したウイグル人の代表的存在。私たち二〇二号室の収容者にとって、彼女は勇気のお手本だった。とらわれの身となった六年のうち二年を、彼女は日の射さない四平方メートルの独房で過ごした。彼女の精神力を考えると、自分にも力が湧いた。

「フランスにはスパイを送りこんでいる。嘘をついても、彼らがほんとうのことを伝えてくる。気をつけたほうがいいぞ」

「その人たちは私が無実だと言うかもしれない。何もしていないのだから平気です」

「そうやって否定しつづけるなら、もうフランスには帰れない。いいか？　夫にも子どもたちにも会えなくなるんだよ」

「ええ、だいじょうぶです。全然だいじょうぶです。あちらでみんなが幸せに暮らしているなら、私も幸せです」


このときばかりは彼をいらだたせたと思う。

はめられている鎖が痛い。ベッドにつながれてから、鎖の重さで足首がはれる。どの窓からも春の景色は見えないが、二〇二号室に春らしい空気がただよっている。私たちの部屋の向かいには、中庭に通じるドアがある。その中庭は建物の壁に囲まれていながらも屋根はなく、頭上には四角くあいた空があった。私たちは看守のはからいで、ときどきそこで足を動かすことができた。中庭の壁を冷やしていた厳しい寒さにかわって、少し前から砂漠の砂ぼこりのまじったそよ風が吹き、まぶたがかさかさするようになった。何分かのあいだ、私たちはスピーカーの号令に合わせて地面を踏みながら歩く。鎖につながれたいまでは、あの恥ずかしくなるような運動さえ、できないことが残念に思える。

私は部屋の壁になったようなものだ。無言で、女たちがそぞろ歩く四角い空間を見つめる。看守たちの態度はときおり、季節の変わり目で寒さがおさまるように和らぐ。午後五時の夕食の前には、私たちのうちの誰かが踊りのステップを踏むことがある。ここではウイグル音楽は禁止されている。音楽の許可を願いでる勇気は誰にもない。それで、なじみ深い歌の調べをたくみに想像する者が出てくる。彼女たちは歌を口ずさむわけではないが、おずおずと踊りはじめるや、その場に歌が流れている気持ちになる。ひとりが隣りの仲間に手を差しだすと、その仲間も隣りの仲間を誘う。ウイグルの踊りが女たちの体を通して息を吹きかえす。女たちは胸をそらせ、くるくる回ってスカートのすそ飾りをひるがえす。この短い晴れ間のようなひととき、女たちは期待の表情をうかべ、和らいだ顔をしている。少し想像力を働かせれば、ベストに縫いつけられたスパンコールや、軽快に飛びはねる踊り子の脚にまとわりつく絹のスカートが見えるし、両方の手首にはめた腕輪がカチカチと鳴る音が聞こえる。そう、少し想像力を働かせれば、グルフマールの結婚式がよみがえってくる。

ひとが踊るのを見るのは好きだが、自分で踊るのは好きではなかった。ウイグル人女性としてはたしかにめずらしいことだ。新疆では、砂漠の静けさとミニバイクの騒音とのあいだに、ナグラ（太鼓）やスナイ（木管楽器）やドッタール（弦楽器）をともなう音楽がある。音楽はこちらから求めなくても、街角や宗教行事やパーティーで聞こえてくる。さまざまな声が、音符の層となって悲しみを訴えたり喜んだりする。床はほこりっぽく、蛍光灯はつきっぱなしのこの場所で、踊ることがなぜ許されているのか私にはわからない。私たちから尊厳と名前を奪ったあとで、この楽しみをとっておくのはどうしてだろう。もしかすると、数分後にそれを奪って私たちを打ちのめすためかもしれない。あるいは、中国がウイグル文化を消滅させようとしているということが思い違いだと、そしてすべては私たちの作り話だと信じさせるためかもしれない。

しかし私たちは、何の罪もないのに罪人扱いされ、拘留されているのだ。これは中国共産党の抑圧方法だ。追放しながら許可を与える。罰しながら名誉を与える。閉じこめながら教育する。カラマイの友人たちのうち、生まれによる差別を受けていないときっぱり言いきれる者はひとりもいない。一月に、パスポートを没収されたことを夕食の席で友人に打ち明けたとき、彼は「たしかに、彼らは意地悪になってきたね」とささやいた。別の友人は「仕事を見つけるのがますます難しくなってる。ケリムの考えは正しかったんだ」と言った。しかし結局、差別はきまって、自由であるかのような感覚のなかにまぎれてしまう。民族音楽と民族舞踊が新疆の指導者の公的行事で高く評価され、漢人たちがウイグル人女性の美しさをほめたたえるなかで……。

看守の足音や食事を知らせるスピーカーの声で頭のなかの音楽がやんでも、女たちはしばらくのあいだ息を切らし、首をのばしている。くつろいで踊っていたところを中断されて揺れ動く肉体から、そこに直前まで宿っていた音符が二〇二号室にただよい、消えていく。呼吸がだんだんと落ち着き、ほこりは前のように、床に貼りついた薄い膜になる。女たちは留置場の単調でつまらない生活に戻る。あぐらをかき、ときには輪になってすわる。夜になると、結婚式や祭りの思い出などを小声で語りあう。ささやきのなかに笑い声がまじる。

また、ここを出てからのこともよく話題になる。私たちは宙吊りの状態で暮らしていて、その状態が終わるのは明日かもしれないし、百日後かもしれない。なかには、身をよせあい、目をうるませて、刑務所の話をする者もある。すでに兄弟や叔父が刑務所に送られているのだ。拷問、寒さ、ネズミ、飢え、真っ暗な部屋といった劣悪で不快な環境を話すうち、声が詰まってくる。そうした話を耳にするたび、私の心は重くなり、胃は不安にしめつけられる。刑務所には行きたくない。刑務所に送られたらもうおしまいだ。そこで死ぬしかない。

さいわい、女たちの話には「学校」も出てくる。それは留置場の、空に通じるほうの出口ともいえる。フランスで十年過ごした私は、新疆の抑圧については初心者だ。自由のきかない閉鎖空間となった新疆に接するのは初めてなのだ。学校での謎めいた職業訓練の話は、留置場では一度も聞いたことがなかった。中国政府はウイグル人を「正しい方向へ導く」ために職業訓練を始めたといわれる。そしてまた、ウイグル人に仕事を見つけてやるためだとも。しかし私はフランスで暮らしているのだから仕事は必要ない。まだカラマイにいたころだって、すでに仕事があったのだ。石油会社の技術者として働いていた。二〇二号室の女たちの話によると、そこでは一般の学校と同じように漢人の教官の授業を受けるという。職業訓練（何カ月も続くことがある）を修了したことが認められると、生徒は自由に帰宅できるらしい。

顔にはしわが、目には隈があり、黒い髪の毛には白髪がまじる生徒たちでいっぱいの教室を想像してみる。想像のなかで彼らは、グルフマールとグルニガールが幼いころカラマイの学校に行くとき身につけた黒と黄色の制服を着ている。そんな生活は自分にとって何の価値もないのだが、私はだいぶ前から、疲労と不安のあまり冷静にものを考える力を失っていた。二〇二号室よりひどい場所があるだろうか？　仲間の話を聞いているとおなかが空いてくる。あたたかくて種類も豊富な食事が広い食堂で出され、食事のあと、昼下がりは短い昼寝のため、夜は就寝のために寝室へ行く。浴室には（この言葉を聞かなくなってからどのくらいになるだろう）、鏡がずらりと並び、女たちは髪の手入れや化粧をする。さらに、生徒は家族に電話することができる……。そういう学校に送られたら、私はケリムや、妹のマディーナに電話できる。そして、終わらない悪夢のようなこの経験を聞いてもらうことができるのだ。

夕食の時刻が近づいた。時計はどこにもないけれど、おなかが空いて、誰かの手で胃を絞られているかのようだ。女たちが学校についてのいろいろな説明をしあっているあいだ、別の者たちが小声で歌いだした。「父さんと母さんが外で待っている／会わなければ」。ベッドに体を丸めて何人もが歌っている。ウイグル語の歌詞だ。彼女たちは、唇が動くところを監視カメラにとらえられないように下を向いて歌う。そうしないと、祈ったと受け取られて罰せられる。そうなったら別の部屋に隔離され、いまの私のように、ベッドの格子につながれる。何も言わず、落ちこんだ様子で泣いている者もいる。

対照的に、少人数のグループから、さとすような強い口調の声が上がる。「ここで記録される書類がよくないと、罰せられるわ。つまり刑務所行きよ。書類がよければ学校に送ってもらえる」

私は学校に行きたい。ああどうか、学校へ送ってもらえますように。

# 第6章

**二〇一七年六月五日**

「見て、グルバハールよ」

「ほんとに?」

「ええ、ほんとよ。ほら!」

留置場の入口に立つふたりの女性警官が日射しのなかにいる。そして少女のようにひそひそ話しながら私のほうに視線を向ける。光を背にした彼女たちの影が、受付の、継ぎ目の汚れたグレーの市松模様のタイル床の上で踊っている。その床は相変わらず、数カ月の時間によって、風が運んだ乾いた砂ぼこりにおおわれている。留置場の職員がほうきで砂ぼこりを掃く。広いロビーの漆喰《しっくい》の壁はうす汚れている。そのロビーの隅に、掃きあつめられた砂の小山がある。この前それに目をとめたのは、ここに着いた一月のことだ。警官たちは「公的秩序を乱した」ことを認める供述書を私の前にかざした。サインペンが受付のカウンターに置かれ、私がつかむのを待っている。「犯人」、「テロリスト」、「スパイ」といった言葉を警官たちがとげとげしい口調で言っているのが聞こえて体がこわばってしまい、タイル床の継ぎ目の線をうつろな目で見つめるだけだった。

私はみすぼらしい小部屋で待たされた。ここはほかの部屋と鉄格子で隔てられ、新しく来た者の控室になるのだが、私のようにこれから出ていく者も使うのだ。壁が黒い布でおおわれたこの小部屋はどこか投票所の記入ボックスに似ていて、真ん中に椅子があった。留置場に着いた一月、この部屋には汚れた靴下のにおいがたちこめていた。私はふるえながら自分の服を脱いで、オレンジ色の囚人服、カーキ色の汚れた靴下、悪臭を放つ布靴を身につけ、プラスチックのコップと歯ブラシを受け取ったのだった。それが、この先の数カ月を過ごすための品物すべてだった。

相変わらず臭い靴下のにおいがする同じ小部屋で、私はいま、逆の手続きに立ち会っている。無表情の女性職員が、到着したとき私が身につけていた服を持ってきた。私と同じようにその服は、戸棚に閉じこめられて冬をこしたのだ。私は暗い小部屋のなかで、あてがわれた服や靴を脱ぎはじめたが、歳月のせいでそれらは肌に貼りついていてうまく脱げない。つなぎ型の囚人服のジッパーはさびていた。腕と脚の部分は寒さと暑さと汗ですっかり硬くなっている。別の服を支給されなかったので、汗まみれの服をずっと着ているしかなかった。

拘留が終わった。出られるのだ。三日前、警官のラフマンジャンに呼び出された。「学校へ行くことになる」とだけ彼は言った。私はほっとして、胸がいっぱいになった。緊張した表情から遠慮がちの笑顔になった私に、ラフマンジャンは軽くウインクしてみせた。彼によると、母と妹がここに寄って私の荷物を預けていったという。しかし彼は面会を許可しなかった。私は理解に苦しみ、ショックを受けて彼を見つめた。涙がほおを伝って流れ、止まらなくなった。いまになってそれを教えるなんて。

思いがけない知らせに動揺したものの、冷静さを取り戻すことが大事だと思い直した。私は希望が見えはじめたいまの状況に気持ちを集中した。学校へ行くのだ！　健康に悪い刑務所のなかで歳月を送るのではなく、「職業訓練」を受けるのだ！　ラフマンジャンは、規則を守り、課せられたことをしっかりこなしていけば、「数カ月で」学校を出ることもできると言い添えた。ちょうどいい。私はこれまでずっと規則にしたがい、仕事をしっかりこなしてきた。

昨夜、私は仲間たちと思いきり涙を流した。同室で学校行きが決まったのは私を入れて五人だ。その五人にアイシェムが含まれていることを本人から聞いたとき、心がおどった。当然のことながら、私たちは残りの仲間がどうなるのかを考えた。歌を歌いだす者もいれば、私の髪を三つ編みにする者もいる。髪がぶんぶんうなって虫が飛んでるみたい、と私が言うと、みんな静かに笑った。悪夢が終わりに近づいていた。あとは自分の服に着がえて、必要なことを書類に記入するだけだ。そして、私は外の世界に出る。

足がふらつく。めまいがする。服を脱いだ体が、いまにも突風でくずれそうな小屋のトタン屋根のように乾いた音を立てる。それでも泣き言を言うつもりはない。私は黒いスリムパンツに片方の足を、次いでもう片方の足をうまく入れた。なんて不思議な感覚だろう。足首の鎖を外されたのは今朝、二〇二号室を離れる直前だった。金槌で鎖を壊すほかなかった。錠の鍵穴がさびていて、差しこんだ鍵が折れてしまったのだ。私の足首にはいまも、さびの堆積物の痕跡が残っている。それは、ウイグル人女性が結婚式にそなえてヘンナで体に塗る模様に少し似ている。

ブラジャーの上下でふくらんでいた背中の皮膚は、いまホックをかけてみると平らになっている。乳房が、黒いレースのブラジャーのなかでふくらみを取り戻す。あれだけの時間がたったのに、使っていたナルシソロドリゲスの残り香がある。信じられない。麝香《じゃこう》とバラの洗練されたブレンド。続いて、かすかではあるがしっかりと、パチョリの香りがしてくる。長期間しまわれていたせいで香りはくすんでいる。ブーローニュにいたころは、毎朝デコルテに二プッシュ振りかけていた。あの香水瓶はいまごろ、グルジャの母の家の来客用寝室に置いてある旅行バッグのなかに埋もれていることだろう。かわいそうな母。私のことをひどく心配しているにちがいない。

黒いスリムパンツをはいた腰まわりを色褪せたカットソーが包みこむ。二回の妊娠でできたセルライトの小さなふくらみは、もうなくなってしまった。私は用心深く、しかし悲しみは覚えずに、その体を確かめる。鏡のかわりに手でさわって、栄養不良と恐怖と不眠でどうなったかを調べてみる。すると、まるで新しい肉体をもらったような感じがした。うす暗い部屋のなかで、私はその肉体を自分のものとして認識した。不思議なことに、細い手首と足首、形のいい尻、引きしまったおなかまわりなど、スタイルがよくなった気がする。心に傷を受けて弱りはてた囚人なら、自分の体を汚いものかいまわしいものと感じてもよさそうなのに。結局、受けてきた試練が体に出るのだろう。弱々しい息をやっとのことで吐くときや、やせこけた自分の姿を鏡で見るときに、囚人はそれまでの試練を思い出すのだろう。でも私の場合は違っていた。逆に、自分の服をまた身につけたことが気力につながっている。ささいなことだが、自分を美しいと思えるのだ。

ハイティワジ家では、身だしなみはかなり重要であるとみなされてきた。それは私たちの世代から世代へと受け継がれている。個人的な美しさを崇拝するのではなく、たとえば女が宝石や布や香りで身を飾るような、洗練された美にこだわるのだ。女らしさは、もてなしの作法や寛容さと同じように母から娘へと伝えられる。女らしさは衣類の選び方だけでなく、食事の組み合わせやソースの味の決め方にまで表れる。グルフマールが子どものころ、光沢のある白いワンピースの背中のボタンをかけてやっていたとき、嫌がって叫んだことがある。浴室のなかで足踏みしながらそのワンピースにいらだったのは、カラマイの路地を自転車で走るのに向かない服だったからだ。彼女はぼさぼさの髪で帰ってきて、私をせきたてるようにしてシャワーを浴び、体を真っ赤にほてらせて浴室から出てきた。女らしくあることは、男の子に生まれたかった彼女にとっても、また私にとってもなまやさしいことではなかった。女らしさというわずらわしい遺産を受け継いだ者として、私は娘をしつけようとしていた。グルフマールは機嫌をそこね、ぷりぷりして、鋳型にはめられるのを拒んだ。きゅうくつで居心地が悪かったのだ。私は心の底では彼女の勇気に感心していた。

ひびいていたエンジン音が消えて、私はわれに返った。小部屋の鉄格子の向こう、受付の前のロビーを、何人かの警官が歩いている。出発の準備で残っているのは、夏の気候には暑すぎるタートルネックの柔らかいセーターだけだ。編んだ髪がほどけないよう注意しながらセーターに首を通す。ようやく、においのするこの部屋を出るのだ。金属製のドアの錠が開く。さあ外に出た。

財布、身分証明書、滞在許可証、現金。みんな戻らない。留置場を出る者にいつもそうするように、警察署の受付では何ひとつ返さないのだった。一月に逮捕されたとき持っていたハンドバッグはどこへ持っていったのだろう。警官たちはあれをどうしたのだろう。壊したのか。それに、滞在許可証が燃やされたか切り刻まれたかしたと考えると胸が苦しくなる。滞在許可証がないとすれば、どうやってフランスに戻ればいいのだろう。しかし、建物の入口から、見張りを続けるふたりの女がしのび笑いしながら話すのが聞こえてくると、私の不安は消え去った。

「見て、なんてきれいなんでしょう！」

「ええ、やせたわね。別人みたい」

太陽の光とうれしいお世辞にうっとりして、私は毅然とした足取りで女性警官たちのそばをゆっくりと歩いていった。ふたりは、まるで長年の友人のように笑いかけてくれた。ひとりが言った。「さよなら、グルバハール」。私はろくに返事しないまま通りすぎた。腕に、ここに着いたとき着ていた羽毛のダウンジャケットを抱えている。その重みを感じながら、ふり返らずに留置場を後にした。米のスープと鎖と白い蛍光灯に打ちのめされたと思われるのはまっぴらだ。荷物で手がふさがっている私は、目的地に向かって歩いていることからくる自由の感覚をあらためて味わった。留置場に隣接する駐車場で、ドアを開けて、窓ガラスの色が濃いステーションワゴンが私を待っている。すでに何人かの女がそこにいた。私はなかば目を閉じて、ブラジャーのパチョリの残り香を嗅ぐ。留置場入口の三段の階段を駆けおり、つま先で地面をけりながら煙草を吸っている警官たちのいる土の中庭を歩く短いあいだ、その香りは私の顔をくすぐった。これからどうなるのかわからないが、二〇二号室での生活よりはいくらかましだろう。私が乗りこむとドアが閉まった。エアコンのにおいでナルシソロドリゲスの香りは消えてしまった。行き先は「学校」だ。

# 第7章

二〇一七年六月一〇日

「右！　左！　休め！」私たち四十人ほどの女は、青いジャージ姿で部屋に集まっている。どこにでもあるような長方形の教室。広さは五〇平方メートルもなさそうだ。窓には幅の広い金属製のブラインドがあるため、小さい穴から光が入ってはくるが、外の景色はまったく見えない。一日のうち十一時間、世界はこの部屋だけになる。漢人の教官ふたりが拍子をとるあいだ、リノリウムの床に私たちの靴音がひびく。私は同室の女たちとともに「肉体のトレーニング」を受ける。それは実際には軍事教練だ。体の疲れに耐えながら、一糸乱れぬ動きで教室のなかを縦、横、ななめに動きまわる。教官が中国語で「休め！」とどなると、私たちの四人部隊は動かなくなる。教官はじっとしたままでいるよう命令する。それは三十分続くこともあれば、一時間かそれ以上続くこともある。そんなときは脚がだんだんしびれてくる。興奮がさめないまだ熱い体を、むし暑さでぐらぐら揺れないよう必死に持ちこたえようとする。吐いた息のむかつくような空気が広がる。酸素の足りないこの空間で、私たちはみんな牛のようにあえぐ。ときおり気を失って倒れる者が出る。教官がどなりつけても反応がない場合、その女はほおを平手打ちされてから荒々しく助け起こされる。ふたたび倒れると、教室から出ていかされ、その後二度と戻ってこない。初めのころ私はショックを受けたが、いまはありきたりのことと思うようになった。

三日前から私は、涙が出るかわりに、しのび笑いをこらえることがある。それほどこの光景――男ふたりの軍隊式の口調と、四十人のできそこない女兵士の動き――はこっけいなのだ。一直線に並んだ私たちの前には、習近平の肖像写真がある。空色の背景に、家父長のような大きな顔。撮影されたのは北京の天安門広場のようだ。フォトフレームのなかで習近平は、年一回の軍事パレードに臨むように、手をひかえめに後ろに組んで、私たちが教室で汗を流すのを見つめている。私はその顔に向かって、自分は死ぬまで自由な女でいつづける、あなたのやり方に屈するものか、と叫んでやりたい。

ここに来て三日になる。教練は二週間続くと言われた。そのあと学科の授業が始まるという。どうやってもちこたえるか、自分でもわからない。驚いたことに、私はまだ倒れたことがない。この学校はバイジャンタン〔白鹸灘《はくけんたん》〕にある。留置場からこの「学校」に来るまでのあいだに、そう記した標識が、ビニール袋が揺れている乾いた側溝のなかに立っているのが見えたのだ。バイジャンタンはカラマイ市の行政区のひとつだが、小さい空港ほどの面積のなかにビルが三つあるだけで、あとは有刺鉄線をはった柵と、見渡すかぎりの砂漠しかない。

　ここに着いた四十人のなかには、生地の厚い青いジャージが重いのか体が曲がっている小柄な女性たち、ジャージがだぶだぶに見える元気のない少女たち、そして私のように、藁の寝床での眠れない夜と疲労のため前かがみになった女たちがいる。四十人のなかにナディーラがいた。ナディーラは私の前の列で、背筋をまっすぐにして立っていた。私がほんとうに好感を抱いたのは彼女だけだ。彼女とは最初の日に出会った。女性監視員が私の「寝室」のドアを開けたとき、彼女がひとりで待っていた。そこは、番号を記した脚つきの板、つまり私たちのベッドが並ぶ共同寝室だった。私は九番を、ナディーラは八番をあてがわれた。ベッドが隣り合わせという偶然によって私たちは親しくなった。ナディーラはすでに数時間ここにいたので、私が来たことにほっとしたという。彼女はすぐに「あなたはどうしていいにおいがするの？」と聞いてきた。私は留置場で返してもらったブラジャーのことを話した。私たちは笑いあった。彼女の目の輝きを見て信用できる人だと思った。今度だけは警戒心が湧かなかった。「よかったらブラジャーを共有しましょう。夜になったら私たちのベッドのあいだに置くの。そうすればふたりで香りを楽しめるでしょ」。彼女は身を乗りだした。「そうしてくれる？やさしいのね、グルバハール。ありがとう！」

　ナルシソロドリゲスの香りのお返しに、彼女はまだ塗りたてのペンキのにおいがする場所を見せてくれた。用を足すためのバケツを乱暴にけとばしてから、金属製の（上げることのできない）ブラインドでおおわれた窓、天井の隅に設置された二台の可動式カメラを教えてくれる。それで全部だ。寝床の上にマットレスはない。家具も、シーツやタオルも、洗面台もない。あるのは、重苦しい暗がりのなかの私たちふたりと、ペンキが気化したにおいと、どこかの部屋の重いドアが閉まる遠いひびきだけだ。

その日ナディーラはたくさん話をした。檻《おり》のなかのライオンみたいに部屋を歩きながら、自分の体験をきれぎれに、壁に向かって語った。彼女はカラマイの、文化を発信するテレビ局の司会者だった。あっけにとられている私に彼女が説明するところでは、「夜に放送していた」ウイグル語の「すばらしい番組」を担当していたという。最初の夢はプロのダンサーになって新疆の政治的式典の開会式で踊ることだったが、かなわなかった。そんな状況でテレビはまずまずの選択肢だった。曲がりなりにも舞台と、照明と、生放送の興奮がある。そして、ナディーラは容姿にめぐまれている。彼女の言葉によると「光が映える」美しさがあるのだ。要するにテレビの仕事は彼女に向いていた。小ぎれいな自宅は中心街にあって、夫と子どもたちがいっしょだった。ところがある日、私服警官が戸口に現れ、「祈りが禁止されてるのは知ってるな?」と告げたのだ。「どうやって知られたのかわからない。たしかに、ときどき祈ることがあったの」。彼女は監視カメラが会話を聞きとれないか恐れるように声を殺して言った(あるいはほんとうに聞きとれるのだろうか)。どこに連行するのかは告げられなかった。私と同じように「学校」という言葉だけを耳にした。こうして彼女はバイジャンタンにやってきた。私は彼女の話を聞いて、自分たちが学校ではなく収容所にいることがわかった。

指導のなかで、私たちは愛国歌も教えられた。「愛国歌を暗記しなさい。覚えられない者は罰せられます」――それで私たちは日がな一日歌を歌う。ひときわ美しい声のナディーラは、ふたりの教官から特別な役割を与えられることがある。教官から指示されると、彼女は列を離れ、仲間のかたわらに立つ。それから右手を上げて国歌を歌いだす。そのあとについて私たちが、のどがかれるほどの大声を教室にひびかせる。「立ち上がれ！　立ち上がれ！　立ち上がれ！　われわれすべてが心をひとつにして、敵の砲火に向かって進め！　敵の砲火に向かって進め！　進め！　進め！　進め！[1]」ばかげている。

留置場の二〇二号室では、時間の使い方は私たち自身に任されていた。来る日も来る日も時間を持てあますせいで、ものを考える力がなくなっていった。退屈だけが、長く続く時間にからみついて、私たちの心を支配した。毎日の長い時間、私たちは退屈で死にそうになった。まったく、なんて退屈だったろう！　外に出て走りまわり、大声で叫びたいのに、私たちは部屋のなかをぐるぐる回るだけだった。

ここでは、軍事教練でくたくたになる。体があまりに疲れて、話をしたいとも思わない。監視員は呼び子を吹いて私たちを起こし、食事も就寝も呼び子で命じる。昼食でも夕食でも、会話は許されない。食事中、職員が見まわりをするのだ。誰かがちょっとささやいたり、口をぬぐったりすると、祈ったとしてとがめられる。出された食事に手をつけないと、職員に「イスラムのテロリスト」扱いされて、食べ終えるよう命じられる。職員は、ここの食べものはハラール〔イスラム法で許されている食材〕だと断言する。平らげるほかはない。夜、私は頭がぼうっとしてナディーラの隣りの寝床に倒れこみ、眠りに沈む。何時なのか全然わからない。部屋の温度で想像するだけだ。時計はない。監視員は怖いから時間を聞くわけにいかない。

ここに来てから私たちは太陽の光を見ていない。どの窓も、いまいましい金属製ブラインドでおおわれている。私はひとりで自分自身に立ち向かう。腹を立てたところで何になる? まわりにあるのは砂漠だけだ。ラフマンジャンは電話ができると言っていたが、ここでは電話をあてがわれていない。彼以外、私がここに収容されていることを知る者はいない。彼は妹とアイヌールに、ケリムとグルフマールに、私の居場所を知らせてくれただろうか。これはぞっとするような経験だ。そんな気持ちを仲間に打ち明けることもできない。カメラにずっと監視されているのだから。それに私は、この状況についてあれこれ考えすぎて疲れてしまった。以前のように冷静にものを考えることができない。

昼寝の時間は救いだった。昼食後のおよそ三十分間、監視員は私たちを部屋で過ごさせる。私たちはそのあいだ寝床に寝そべることができた。うとうとする者もいれば、小声で話す者もいる。私はこのひとときを、秘密の庭に逃げこむことに利用した。私がそこへ行くことを誰もじゃまできない。その庭は私の頭のなかにあるのだから。毎日、ナディーラの規則正しい寝息を聞きながら、私はそこへ戻ってなつかしい思い出に専念する。そうした思い出によって、私は自分のルーツに立ち返る。思い出のおかげで、自分を完全には見失わずにすむ。横たわったまま、私は前日に途中で終わらせた考えの続きをたどる。バルセロナ、フォンテーヌブロー、ジヴェルニーの庭園。日曜日に車でイヴリーヌの集落に出かけ、ヴィルタンの農場でくだものと野菜と花を収穫してトランクに詰めたこと。私は気が向いた順に思い出をよみがえらせる。それらを古いものから新しいものへと並べていき、細かいところまでよみがえらせる。そんなときナディーラが「何を考えてるの？」とくぐもった声をかけてくる。涙がこみ上げ、のどが詰まる。監視カメラの前で泣きはじめるわけにはいかない。そのかわりに私は白い天井を見つめる。「何も考えてないわ」

バイジャンタンの再教育収容所は巨大な迷路だ。何をするにも、居室ごとのグループで、少人数の監視員に付き添われて場所を移動する。昼寝が終わると、プライベートな時間はまったくなくなる。浴室、トイレ、教室、食堂へ行くために、私たちは蛍光灯に照らされたいくつもの長い廊下を歩いていく。各廊下の端には、自動ドア付きのセキュリティーチェック設備が待ちかまえている。この収容所が建設されたばかりであることはまちがいない。何もかもが新しいのだ。どこを歩いても、しみひとつない壁からペンキのにおいが漂ってくる。

まるで工場の事務所にいるみたいだが、全体の広さはまだつかめていない。バイジャンタンでは、生活は三つの場所、つまり収容されている居室と教室と食堂をくり返し行き来することに限られている。ただ、グループで移動するときに廊下ですれちがう収容者と監視員の人数から、この収容所の途方もない大きさが推測できた。毎日、どんよりした目をした幽霊のような新顔の女たちに会う。いまのところ、移動の途中で同じ女たちのグループに会ったことはない。はじめ私たちの部屋にはナディーラと私しかいなかったが、その日の晩には合わせて七人になっていた。それがいまでは十二人だ。

ざっと計算してみればいい。私がいる居室を含めて、全部で十六室ある。それぞれの居室にベッドが十二あり、十二人が詰めこまれている。居室の数に一室あたりの収容者の数をかけると、バイジャンタンには二百人近い収容者がいることになる。二百人の女が家族から引き離され、一時的にここへ閉じこめられている。そして収容者はみるみるうちに増えていく。

私もそうだが、新しい収容者はおびえた目でそれとわかる。来てまもない者は、廊下でほかの誰かを目で探すのだ。いっぽう、ここに長くいる者は自分の足元を見つめる。そして、機械的に行動する軍人のように密集した列をなして移動する。呼び子が鳴ると、無表情のまま立ち止まって直立不動の姿勢になる。彼女たちはいったい何をされたのだろうか？　それがいずれわかると思うと恐ろしくなる。

ここに着いてすぐのころ、不思議なことがあった。知っている女性に出くわしたのだ。それは、床がタイル張りで、壁に鏡はなく、アルミ製の洗面台が並んでいるだけの広い浴室でのことだった。シャワーが七つ、しゃがみ式のトイレが五つしかない。私は洗面台の冷たい水で顔を洗っていた。朝は一分一秒が貴重だ。たった十五分で大まかに身だしなみを整え、トイレをすませ、青いつなぎを身につけなければならない。まだ終わらないときでも、監視員の命令でその場を離れさせられる。一日のこの時間を逃すとトイレに行かれなくなる。私は自分の順番に遅れたくはなかった。時計がなくて正確な時間がわからないので、私は残っている時間を頭のなかで必死に測っていた。それでその朝は、誰かに名前を呼ばれたとき、その声に注意を向ける余裕がなかった。「グルバハールじゃない？」私は毎朝のラストスパートをじゃまされたことに少しいらだって、水をしたたらせながらふり返った。

髪の白さと体の丸みのせいで、誰なのかすぐにはわからなかった。ディルヌールだ！　私は抱きしめたくなった。しかしここでは体をふれあうことが許されていない。私たちはタイル張りの浴室で、数センチほど離れたままでいた。

ディルヌールは泣いていた。「どうしてここにいるの？　フランスに行ったんじゃなかったの？あなたもご主人を連れて行かれたのかしら？　夫は私と同じように収容所にいるのよ」。彼女は、カラマイにいたころの隣人だった。お互いに手助けをしあう程度のつきあいだが、親しい関係にあった。娘たちをかわいがってくれて、私が残業のときにはあずかってくれた。やさしくて思いやりのある女性という記憶が残っている。いまの彼女に昔の面影はなかった。体制に打ちのめされてしまったのだ。彼女は鼻をすすりながら、自分と夫の話をした。ある朝、警官がやってきて、理由も告げずに彼女の夫を逮捕した。おそらくモスクで礼拝していたためだろう。バイジャンタンからそれほど遠くない収容所に送られたらしいが、どこなのかはわからない。その後、今度は彼女が、逮捕理由も拘留期間も示されないままここに送られた。どうして彼女を収容所に送ることができるのだろう？　私は彼女をよく知っている。夫とともに穏健なイスラム教を信仰している。ヴェールを身につけてもいないし、分離独立の話もしていない。もめごととは縁のない、カラマイに何千人といるウイグル人女性のひとりなのだ。彼らは、この街のウイグル人すべてを逮捕するつもりなのだろうか？

# 第8章

## 二〇一七年六月二〇日

ナディーラが連れていかれた！　行方知れずにされてしまった！　ある朝、彼女はほかのふたりとともに呼び出された。そのとき私たちは教室で、重い脚を持ち上げながら行進しているところだった。その日は息苦しいほどの暑さで、私たちはブラインドを上げて空気を入れたらどうかと言ったが、聞いてもらえなかった。「休め！」いつものように直立不動の姿勢になったとき、ラフマンジャンが警官ふたりを引きつれて教室に入ってきた。「八番！」と彼は叫んだ。ナディーラがおとなしく列を離れた。私より若い別のふたりの女が、番号を呼ばれて同じように進みでた。私は両脚がふるえてきた。何か悪いことが起こりそうだ。ラフマンジャンを見るのは留置場を出てから初めてだった。彼がこんなふうに収容者を呼び出すからには、何か重大なことがあったにちがいない。それは一瞬のことだった。私は首をねじって、列の先頭で何が起きているのか見ようとした。警官たちが、無言で三人の女に手錠をかけていた。やがて彼女たちは出ていった。それっきり、私たちは一度も三人の姿を見ていない。ラフマンジャンは教室を出る前に、私たちのほうを向いて言った。「この女たちを連行するのは、罪を認めなかったからだ。罪を認めないと、いずれおまえたちも同じことになる」。ドアが閉まった。ふたたび行進が始まった。

昼寝の時間はみんながあの出来事のことを口にした。どこへ連れていかれたのだろう? そもそも、理由は何なのか? 彼女たちをよく知る者によると、三人はカラマイの宗教指導者とつきあいがあったために刑務所送りになったという。カラマイで暮らしていたころ、その指導者のうわさを聞いたことがある。リズワン・バウドゥンというその女性は、イスラム教の研究会と講演会の代表をつとめていた。そうした場で、少人数の聴衆に、コーランの内容をわかりやすく説明していた。通ってくる熱心な家族のなかには、結婚式や葬式でのスピーチを彼女に頼む者も多くいた。そんなとき彼女は清めの儀式をした。ナディーラが彼女と親しい関係にあることを、私は本人から聞いていなかった。

私の隣りにある彼女のベッドは二日間空いていたが、三日目に新しい女がやってきた。彼女がそこに落ち着くと、私は警戒のまなざしを向けた。まさにそのとき、ナディーラが戻らないことを実感した。いまこの瞬間、ナディーラは光の射さないカラマイの刑務所のなかにいるはずだ。私は彼女が死刑にならないよう祈った。

夜、私たちはぞっとするような叫び声で目が覚めることがある。上の階で誰かが拷問を受けているような声だ。私たちは身をすくませて、夜の静寂を破る声に聞き耳をたてる。うわごとを言う女たちのうめき声だ。女たちはこれ以上苦しめないでと訴えている。自分たちの罪を許してほしいと頼んでいることもある。

ナディーラは一種の見せしめになった。彼女が部屋を去ってから、監視員たちは私たちに対して好きにふるまうようになった。態度はこれまでになくつっけんどんになり、軍事教練には罵声が加わった。ちょっとした失敗にも罵声が飛んでくる。「たちの悪いテロリストめ」、「なんで豚肉を食べないんだよ?」、「おまえが祈ってるのはお見通しだぞ、このテロリスト」。彼らは一日じゅう、私たちが「ひどく恐ろしい罪」、「偉大な祖国を裏切った罪」を犯したと言いたて、二〇〇九年のウルムチ暴動の「犯人」だと決めつけるのだ。「罪を認めるんだ。さもないとナディーラたちのように刑務所送りになるぞ! 自己批判を記せ。そうすれば党は許してくれるかもしれない」

授業が始まれば少しは休めるだろうと考えていたが、実際はさらにひどかった。女性教官は私たちから目を離さず、平手打ちする機会を逃すまいとしているかのようだった。このあいだは、私と親しい六十代の収容者が、おそらく疲れと恐怖のせいで目を閉じてしまった。女性教官は彼女のほおを力まかせに打った。「祈ってるところが見えないとでも思ってるの? 罰を受けてもらうよ!」彼女は監視員たちの手で、追い立てられるように教室の外へ連れ出された。一時間後、彼女は自分の過ちを記した紙を持って帰ってきた。女性教官はみんなの前で読むように言った。六十代の収容者は血の気のない顔で読み上げると、自分の席に戻った。ただ目を閉じただけなのに! 結局、私たちに何の罪があるというのか？　まわりでは、年配の女たちは恐ろしさにふるえ、若い女たちはいまにも泣き出しそうにしている。私たちはテロリストなどではない！

　バイジャンタンの収容所では、教室でも食堂でも浴室でも自分たちの居室でも、教官と警官と監視員の暴力やおどしを受けないでいられる場所はない。彼らが背後にいないときは、監視カメラが私たちを見張っている。私たちは価値のない人間の状態、おどされて屈服するしかない弱者の状態に追いやられているのだ。

　ナディーラがいなくなって、私は絶望するどころかむしろ気持ちを奮いたたせた。思い返すと、二〇二号室のベッドの格子につながれて涙を流してから、私はたくましくなったようだ。もう泣かされることはないだろう。彼らがいくら打ちのめそうとしても私は引かない。ナディーラを失ってひとりで眠った最初の夜に、そう心に決めた。私は自分の頭のなかにある、なつかしい思い出を探しにいく秘密の庭に小さな場所を用意し、土を掘り返して耕すと、そこへ抵抗の種をまいた。これでこの地獄を生き抜くことができる。

　私は熱心な信者ではないけれど、いまでは神に心が向いている。挑発する気持ちからかもしれない。夜、目を閉じて、体じゅうの力を集中して祈りはじめる。部屋にいるときは朝も夜も、ヨガの運動をするようにした。よろよろの体にされてたまるものか。部屋の真ん中あたり、光が点滅する監視カメラを正面にして立つ。息を大きく吸い、脚を開き、両手を腰につける。ゆっくり息を吐きながら、上半身を床に近づけていく。血がゆっくりと頭に上っていくあいだ、祈るのだ。この姿勢なら口の動きがカメラに映ることはない。胸の前で手のひらを合わせ、上半身を両脚につけるようにして、私を助けてくれるよう、そして家族を守ってくれるよう神に祈る。こうしてカメラの目をかわすのはなんて気持ちがいいのだろう！

こうしたわずかな抵抗を続けるにつれて、気力が増してきた。授業が始まってからはいっそう気力が必要だった。ナディーラがいなくなって一週間後に軍事教練が終わったとき、私は勘違いをしていた。これまでずっといい生徒としてやってきたから、熱心な生徒、模範的な収容者になれるようがんばるのは苦ではなかった。授業で成績がよければこの収容所から早く出られるというラフマンジャンの言葉がいつも頭にあった。努力は報われると思っていた。

しかし現実はそんなものではなかった。数日後、私は「洗脳」という言葉の意味を身をもって知ることになった。

私たちがいる場所は、学校などではない。チャイムがない。いい返事も悪い返事もない。毎朝、女性教官が静まりかえった教室に入ってくる。ウイグル人女性だ。つまり私たちと同じ民族の女が、中国人になるための教育をする。私たちは反抗的市民なので、党による再教育が必要というわけだ。こういうことを彼女はどう考えているのだろう。そもそも、ものを考える習慣があるのだろうか。どこの出身だろう。どんないきさつでここへ来たのだろう。この仕事をする前は自分自身も再教育を受けたのだろうか。知りたいことが頭のなかで渦巻いた。

女性教官の合図で、私たちはいっせいに立ち上がる。ラオシィハォ（こんにちは先生）というあいさつで、一日十一時間の教育が始まる。私たちは中国に対する信仰告白のようなものを唱える。「ありがとう、偉大な国。ありがとう、われらが祖国。ありがとう、親愛なる習近平国家首席」。夜になると、似たような文句が一日をしめくくる。「この偉大な国が発展し、すばらしい未来を迎えますように。すべての民族がひとつの偉大な国民になりますように。習近平国家首席が健康でありますように。習近平国家首席が長生きされますように」。椅子に腰かけたまま、私たちは同じ言葉を鸚鵡《おうむ》のようにくり返す。教師は中国の輝かしい歴史を、そのあらゆる暴政をきれいに省いて私たちに教える。教科書の表紙には「再教育カリキュラム」と書かれている。そこで扱うのは徳高き王朝と、国を統一してあらゆる計画を実現した中国共産党だけなのだ。何を教えるにも、中国の大学で行われている以上にかたよりがあり、政治色が濃くなっている。初めのころ、私は心のなかで笑ったものだ。わずか数ページのプロパガンダで、彼らはほんとうに私たちを打ちのめすことができると思っているのだろうか?

しかし、学校のほかに生活の場所がないまま何日かが経過すると、なげやりな気持ちが長年の宿敵のように頭をもたげてくる。疲れきった私は、せっかくの抵抗の決意をいつも延期してしまう。毎日、途中であきらめないよう自分の庭に戻るのだが、でこぼこ道を重機のようにならす学校のシステムが自分に向かって進んでくる。それは、くたくたになっている私たちの体をのみこむ。つまりこのような、ばかげた文を来る日も来る日もまる一日くり返すことが洗脳なのだろう。さらにそれだけでは足りないかのように、夕食と就寝のあいだの一時間を割かなければならない。一日の最後にもう一度、覚えた内容を復習するのだ。毎週金曜日、私たちは口頭試験と筆記試験を受ける。かわるがわる、再教育収容所の指導者たちの疑わしげな表情を前に、共産党から与えられた課題を暗誦していく。

授業は続く。習った内容はすぐに暗誦しなければならない。結果として、その週に習ったことは次の週にはもう覚えていない。六日前に習ったことは私には暗誦できない。習った内容の切れ端をつかもうとしても、いろいろな文が頭のなかでぶつかりあって、それらをまとめる考えは霧のなかに沈んでしまう。手のひらから水がもれるように考えが流れ去るのを、私はどうすることもできずに見ているだけだ。こんなふうに短い間隔でフルにものを覚える記憶法は、頼もしい味方であると同時に厄介な敵でもある。この記憶法のおかげで私たちは中国の歴史の場面や民衆による宣言の多くを覚え、暗誦できるし、女性教官からさらしものにされないですむ。しかし同時に、この記憶法は私たちの批判精神をぼろぼろにする。私たちは思い出や思想によって主体的に生きているのに、記憶力をこんな形で使いつづけるうちに、思い出や思想から遠ざかってしまうのだ。ケリム、グルフマール、グルニガールの顔がかすんでくる。私たち収容者は、労働で頭の働きが鈍くなった家畜に似ている。人生の時間すべてが期限のない勉強に費やされる。これがどのくらい続くのか、誰も教えてくれない。先の見通しが数日後も数カ月後もわからないのだ。それを考えるとたまらなく不愉快になる。与えられた仕事に熱中したほうがいい。

# 第9章

## 二〇一七年七月一四日

私は八人きょうだいの五番目の子どもだった。数世代にわたって、多少なりとも年が離れた子どもたちが生まれた大家族のなかでは、きょうだいどうし、いくぶん相性の差があるなかで育っていくものだろう。私の場合、年の近いふたりの妹たち、ネジマとマディーナとのあいだに最も強い絆が結ばれた。兄たちに会うのはイードとノウルーズの祭日を祝うときだったが、ネジマとマディーナと私はいっしょに母に育てられたため、私たちは幼いころから、誰も仲を引き裂くことができない三人組をつくっていた。ネジマは私のすぐ下の妹で、いまでは、父を亡くしてから二十年以上たつ母の面倒をみているだけでなく、家の管理や買い出し、もろもろの手続きを代わりにつとめている主婦だ。自分の家族とともに、私たち八人きょうだいがみな子ども時代を過ごしたグルジャの実家で母と同居している。ネジマほどやさしい心の持ち主はいない。

それからマディーナだ。大きな声で陽気に笑うマディーナ。いっしょに食事をするときは、面白おかしい身ぶり手ぶりでいつも笑わせてくれるマディーナ。とてつもなく心が広いマディーナ――彼女は区都ウルムチで夫と子どもたちといっしょに暮らしている。私はこの妹たちをまったく同じように愛しているが、末の妹にあたるマディーナはいちばん身近に感じる存在だ。学業を終えたあと、同じ道を歩んだからかもしれない。ふたりとも、きょうだいからも母の家からも離れた魅力ある都会で暮らすために、山々に囲まれたグルジャをあとにした。私は石油の町カラマイに出会い、マディーナは景気にわき立ったウルムチの町に出会った。年を追うごとに、マディーナにはさらに親近感をおぼえるようになった気がする。ネジマのように多くの女性たちがまだまだ子育てや家事に専念していた時代に、私たちは働きはじめたのだから。

ここに来てからひとつのことが頭を離れなかった。母と妹たちに会うこと。不安にかられながら、私は監視員にしきりにたずねた。「いつになったら家族に会えますか？　私がここにいると家族に知らせてくれたのですか？　ここに来たら家族に会えるだろうと言われたんです！　お願いです。どうか会わせてください」。ところが監視員は「そのうち、そのうちにな。いますぐは無理だ」と答えるだけ。バイジャンタンの監視員に私たちが質問すると、希望と失意を同時に与えるようなあいまいな答えが返ってくる。「そのうちに」、「いまはがまんのとき」、「いまはまだ」と延々とくり返すのだ。しつこく聞きつづけると、有無を言わさず「だめだ」と拒否されるか、「無礼」だとして平手打ちを食らう。どんなたぐいの要望にも規則が立ちはだかる。夜にトイレに行くときでも、面会室で人に会わせてもらうときでも、家族に電話させてもらうときであっても。夜になると、別の居室にいる収容者が監視員にトイレに行かせてほしいと懇願する声を耳にすることがある。居室の壁や扉をたたく音、泣きわめく声が聞こえてくる。ときには監視員が折れるようで、次々と鍵を開ける音、リノリウムの無機質な床の上を歩く足音が洗面所のほうへと遠ざかるのが聞こえる。だが、応じてもらえないこともある。すると、居室のなかで用を足すよりほかなくなってしまう。

数週間が過ぎたころ、時間の感覚がなくなった。今日のこの日までそんな調子だった。ようやく今日、私は待ちに待った訪問を受けたのだ。自分でも信じられなかった。けれども私が想像していたとおりにはまったく進まなかった。ひどいことが起きていたからだ。考えれば考えるほど、そのいちばんの責任は自分にあるという罪悪感にさいなまれる。

セキュリティーゲートが開くと、私の胸は高鳴った。たったひとりで、知っている顔の影すら見かけないまま数カ月を過ごした末に、ついに私は、面会室のなかに入ってくる母の姿を目にした。面会室では、数人の収容者が小さなテーブルに前かがみになって、親族と小声で話をしたり、ときおりたがいの手を握りしめたりしていたが、そんな重苦しい空気のなかで、丈の長いドレスを身にまとったすらりとした母は浮いているように見えた。疲れているのだろうか、母の顔はけわしく見える。というよりも、そのなんとなく疲れたようなようすから、すでに母が口を開く前に、悪い知らせを持ってきたことがうかがい知れた。ネジマが母のすぐ後ろからついてくる。マディーナの陽気な顔が現れることなくふたりの後ろで扉が閉まったとき、末の妹になにか深刻なことが起きたのだと私はさとった。

私を釈放してもらうためなら、マディーナとネジマがありとあらゆる手をつくすことはわかっていた。警官を買収しようとしたり、区都ウルムチでコネを使おうとするだろう。マディーナならば、私に面会するこの機会をみずからふいにすることなどしないはずだ。だからこそ、留守にすると子どもたちの面倒をみる人が誰もいなくなるからマディーナは来られなかった、と母とネジマから聞いても、その言葉を信じることはできなかった。彼女は誰かに足止めされたのだ。私はそう確信した。

私たちは次から次へと当たりさわりのない話をした。いろいろと日々の生活を彩るささいな出来事について話した。だが、いつもならここにいるはずの家族がひとり欠けているせいで無理に表面的な話をしているように私には思えた。私がこの七カ月体験してきた劇的な出来事を慎重に避けながら、まるで茶飲み話をするかのように私たちはおしゃべりをした。カラマイの留置場やここでの収容生活の環境をたずねる言葉はひとつもない。マディーナについても一言もふれなかった。私は、この学校でのグロテスクな教育についても、眠れない夜についてもふれなかった。それどころか、私たちは囚人のような身なりをした女性たちでいっぱいの面会室の陰鬱な雰囲気についてすら、一言も言わなかった。母とネジマのたわいない話は、私の耳には遠くに聞こえた。母の衰えつつある健康の話。北部地域に住むいとこたちの話。ネジマの子どもたちや夫の話……。私はふたりの疲れた顔をしげしげと見つめ、ふたりも私のやつれた顔をじっと見た。おたがいに話をほとんど聞いていなかった。私たちは監視員に対してできるだけ自然に会話をしているように見せようとしたが、あいだにしばしば挟まれる重苦しい沈黙にこの疑問が引っかかったままだった。マディーナはどこにいるのだろう?

誰よりも先に黙っていられなくなったのはネジマだった。まわりの話し声にかき消されそうな、聞こえるか聞こえないかのような小声で「マディーナも彼らに連れていかれたの」と切り出した。「彼ら」って誰のこと? 警察? でもどこに連れていかれたっていうの? 私のように留置場に連れていかれたの? 私の胸は激しく波打った。いまにも破れそうなほど心臓が激しく鼓動する。私は部屋のなかをうろうろしている監視員を横目で見ていた。そのとき思い当たった。マディーナは収容所にいる。ここバイジャンタンのような収容所に。窓のない巨大な倉庫のような収容所のなかに。まだ塗り立てのペンキのにおい、汗や死のにおいがする収容所、数カ月前に何もなかった土地にいきなり建てられて、体制の手下の兵士たちが何百人もの女性たちを強制的に移送する収容所にいるのだ。そこに送られた人々のなかにマディーナがいる。まぶたから涙があふれ、目の前がかすんでしまってよく見えなかった。「泣くんじゃないぞ! もし泣いたら、もう面会は許可されないからな! おまえに二度目はなくなるぞ!」母と妹が来る直前にそう警告した監視員の荒い声を思い出した。のどがしめつけられそうになりながらも、私は涙を飲み込んだ。なんてこと。彼らはマディーナを連れていってしまったのだ。

私たちの近くでは、相変わらず、セキュリティーゲートが開いては見知らぬ顔が現れるのをくり返していた。誰かの母親や姉妹とおぼしき人たちが、テーブルのあいだを縫うようにしてやってくる。

私は、数分前の母やネジマのように、彼女たちが収容者の前にすわるのを眺めた。妹の短い説明が頭のなかをぐるぐるまわっていた。マディーナは事務処理上のどうしようもない話が理由で拘束された。無効の住民証明書、つまり期限切れの公的証明書のせいだという。私には意味がわからなかった。中国では、住みたいところに住むことはできない。仕事を見つけた場所に住むためには、まず「戸口」[1]と呼ばれるものを事前に取得する必要がある。この大切な身分証をもっていれば、選んだ都市に居を定めることが許可されることになるが、マディーナはもう何年もウルムチに住んでいるというのに、正規の戸口を所持していないと非難されているらしい。いったい彼らは妹をどうしようというのだろう？

　時間は過ぎていった。面会室での時間が長いということなどありえない。私は、監視員がここに来て面会を終わらせるのではないかと心配になりながら、ふたたび監視員の一挙一動をうかがった。母と妹がブーローニュの私の家族に電話をしたのかどうかを聞き出したくてたまらなかった。ケリムの電話の声を想像していると、ネジマがすすり泣きはじめた。今度は私が黙っていられなかった。雨あられのように質問を浴びせた。「私の家族はどうしてるの？　ケリムは？　それからグルフマールは？　グルニガールは？」母は口を閉ざしている。ネジマは私の手をとってきっぱりと言った。「みんな元気にしているわ。心配しないで。とにかく心配しちゃだめ」。話はまた、たわいないあれこれに戻った。「ここの食事はおいしい？　ほかの女の人たちには会ったの？」私の手を彼女が強くにぎればにぎるほど、夜に聞こえてくる女性たちの叫び声やいきなり飛んでくる平手打ちについて話す気が起こらなくなる。マディーナもきっと同じ叫び声を聞き、同じ平手打ちを食らっているにちがいない。心臓の鼓動が早くなる。一メートル離れたところに立っている監視員を一瞬見やると、私は早口で切り上げた。「しっかり食べているわ。ここではいい待遇を受けてる。心配しないで。ケリムたちにも私は元気にしていると言ってちょうだい。そう言ってくれるわね？」

母とネジマとの面会でひとつ確信したことがある。ウイグル人の家族のひとりが収容所に送られたら、全員がその人の転落に巻き込まれる、ということ。マディーナは行政上の問題で収容所に送られたのではない。それはちがう。ほんとうに戸口の手続きに問題があったのだとしても、収容所に入れられるはずはない。夫と子どもたちといっしょに家にいるはずだ。マディーナは私のせいで連れていかれたのだ。私のせいだ。この先、生きていくうえでこの罪悪感からけっして逃れることはできないだろう。政治亡命者と結婚し、外国で暮らしていた「テロリスト」の姉として私は、知らず知らずのうちに妹に当局の怒りを買わせてしまっていたのだ。当局は、私が認めなかった「罪」を妹に自白させようと、拷問を加えているかもしれない。そもそも、私は何もしていない。妹も何もしていない。私たちは無実だ。

新疆では誰も自分の考えを自由に言うことはできない。ネジマと母は収容所に入れられているわけではないが、やはり受刑者も同然だ。ふたりとも私のように口を封じられている。バイジャンタンのまわりを厳重に囲む有刺鉄線の外側でも、ウイグル人の再教育が進んでいる。収容所に閉じ込められようとそうでなかろうと、中国は私たちに恐怖、脅迫、そして検閲による再教育という同じ運命を用意している。新疆全体が野外の牢獄になってしまった。その牢獄のなかで、私たちは誰かれかまわず、ずたずたにされるのだ。

かわいそうなネジマ、かわいそうな母。ふたりが日々抱えている苦悩を私は想像した。予告なしにやってくる警官、警察署の「お茶の誘い」、執拗な取り調べ……。ふたりが私にかならずしも本当のことを言っているわけではないのはわかっている。だからといってふたりを責めることなどできない。収容所が出現するずっと前からすでに、私たちは自分たちの身をできるだけ守ろうと、言うべきことを言わないことで嘘をついていた。おたがいになんでもかんでも話すわけではなかった。

別れぎわにさっと抱きあったとき、私は自制できなかった。この先このようなチャンスはすぐには訪れないかもしれない。だからこれだけは知っておかなければ。「ケリムは新疆にいるの?」私はネジマの耳元でささやいた。「とんでもない、彼はここにはいないわ」「約束してくれる? あまりにも危険だから来ないでとケリムに伝えて。あの人のことだから、私を助けるためにここに来たいと思うはずだけど、ここに来たら最後、彼も収容されてしまう。お願いだから来ないでと伝えて。何よりも大事なのは娘たちなのだから」「約束するわ」「それとマディーナだけど」。監視員が近づいてくるのを見ながら私は続けた。「心配しないで。釈放してもらうために手はつくしてるから。二週間以内に出てこられると思う」。ネジマはそう答えた。

私たちは笑みを交わした。立ち去るふたりの影を遮断するかのようにふたたび閉まった自動ドアを私はしばらく眺めた。ふたりは自分たちの牢獄へと帰っていった。私も自分の牢獄に戻った。

# 第10章

二〇一七年九月三日

大きな祝日を迎える前に、学校では漢人の教師や子どもたちが紙ちょうちんや旗など紙製の飾りものをあちこちに吊るしはじめる。学校とは名ばかりで実体は収容所であるバイジャンタンでも、中国の学校らしく——つまり、子どもたちが標準中国語や文学、数学、歴史あるいは地理を学ぶ本物の学校のように——共産主義のシンボルカラーの赤と金色のデコレーションで、いたるところを飾りはじめた。中国では、八月に人民解放軍建軍記念日(1)が祝われる。かれこれ数カ月、私たち収容者は世間から隔離された生活を送っているが、ありとあらゆる機会にかならず共産党に敬意を払うようしむけられる。党はその大きな慈悲によって再教育を行い、私たちに罪をつぐなう機会を与えてくれているのだから、私たちは党の多大な恩恵に浴しているというわけだ。

愛国歌の数々、とくに国歌は私の頭のなかに徹底的にたたき込まれていて、忘れることは不可能だ。夜になると、藁《わら》が敷かれた寝台の上にその日一日の緊張で凝り固まった体を横たえて眠りにつこうとしても、監視員や制服を着た男たち、収容者仲間、そして中国国旗が頭に浮かんできてなかなか眠れない。居室のどこからか、日中さんざんくり返して歌った一節を、仲間のひとりが口ずさむのがどこからともなく聞こえてくることもある。

バイジャンタンは中国の本物の学校から競争精神もとり入れている。居室ごとにチームを組んで、審査をする所長たちの前で歌わなければならないのだ。優勝したチームには賞品が贈られるという。きっと食べものだろう。あるいは新しい服かもしれない。祝日が近づくと競争心が広がり、それが私たちの頭のなかに知らず知らずのうちにしみ込んでくる。夕方になっても、それどころか講習が終わり、それぞれの居室に戻ってからも、私たちは愛国歌をくり返し歌うようになっていた。少しずつ、このお遊びじみた戦略によって、私の警戒心も薄れていった。まだ気力が残っているときは、すべて嘘のかたまりでしかないこれらの歌詞をくり返していたとはいえ、批判的精神だけは失わなかった。ところが私も、従順な羊のように、この競争に熱心になりはじめた。居室に戻って鍵がかけられると、同室のひとりの熱意によって日中やった練習が再開される。「練習しない？」と誰かが口火を切る。グループはその提案に盛りあがり、意気投合する。こうして歌を練習するのだ。そこにはいない所長たちを前にしたつもりになって、寝台のわきに整然と並び、各自が腕を体の横にまっすぐ伸ばした起立の姿勢をとる。両隣りの部屋の収容者たちと同じように、私たちも国歌を斉唱した。「再教育」はじつにうまく機能していた。

このばかげた遊びにごきげんで夢中になっていたのは、祝賀行事の日が近づくにつれて、このうえない大きな喜びを心のなかであたためていたからだ。その喜びのおかげで急に私は、不滅の肉体を持っているかのような気分になっていた。収容所の警官が、私に中国のありとあらゆる愛国歌を大きな声で歌わせようと、ここにいるあいだは何年も電灯がつけっぱなしの明るいなかで眠らせようと、習近平の政治的偉業を頭の中にそそぎ込もうと、私の心まで支配することはけっしてできないだろう。

それも八月一三日、ウルムチ警察がマディーナを苦難から解放したからだ。そして愛する妹は、自由の身になるとすぐに、バイジャンタンにいる私に会いに来たのだ。短いながらもすばらしく充実した時間を過ごしたおかげで、世界のあらゆる不幸に立ち向かえるだけの喜びを私はふたたび得ることができた。

待ちに待ったこの日、(2)マディーナはたくさんのプレゼントをたずさえてやってきた。腕には、産毛が生えた白い蟠桃《ばんとう》が入った箱をいっぱい抱え、袋には飴や羊のチーズを詰めて持ってきていた。収容所で三十九日間過ごしたばかりだった妹は、収容者にはこのようなめずらしい食料品は与えられないとわかっていた。そのうえ警官たちでさえも、ここで提供されるひどい食事にはうんざりしているだろうから、この差し入れに目をつけるはずだとマディーナは考えたのだ。この差し入れによって、妹は面会時間を数分のばしてもらえるかもしれないし、私に対する扱いに手心を加えてもらうことができるかもしれない。マディーナの見立ては正しかった。差し入れは、私がほとんど手をつけないうちに、面会室を見張っていた「番犬」にすべて没収されてしまったのだから。

マディーナの収容所での生活については、私たちはおたがい話さなかった。私のここでの生活についても。再会はとても感動的だった。かつて久しぶりに会うときそうだったように、身ぶり手ぶりを交えながら冗談や軽妙な話ばかりしていた。あまりにも軽やかな雰囲気だったので、一瞬、自分たちはここではないどこか――カラマイやウルムチ、グルジャにいるのではないかと思ったほどだ。彼女のようすに私は笑って答えた。抱き合った私たちは泣きもした。この数カ月来、私が泣いたのは初めてだった。喜びの涙だった。

マディーナが帰ったあと、私は浮き浮きしながら居室に戻った。自分のせいで、世界でこのうえなく大切に思っている人が苦しんでいるのは、とてつもない罪悪感をもたらすものだが、それももう終わったのだ。妹は自由の身になった。そのことが私には何よりも大事だと思えた。

八月の終わりに祝賀行事が行われた。共産党旗で赤く染まった部屋のなかで、私たちは指導されたとおり模範的な兵士のように行進し、声を張りあげて歌った。私と同室の仲間たちはコンテストで優勝できなかったが、教官たちが優勝賞品を持ってきたときには首をかしげてしまった。勝者たちが喜びの声を小さくあげている。蟠桃が詰められた箱だった。マディーナが持ってきてくれた蟠桃だった。

# 第11章

二〇一七年一一月二〇日

新疆でとらわれの身になってから一年がたった。バイジャンタンにとどめ置かれてからは六カ月近くになる。母と妹たちは一〇月三日にふたたび会いに来てくれた。それ以来、私は家族の顔を見ていない。彼女たちに何も起きていないといいのだが。この牢獄が私のただひとつの現実になってしまった。地平線は、私たちと世界を隔てる有刺鉄線以外になくなってしまった。かつては存在していたもの——家族、母として、そして妻としての心配ごと、フランス——それらがすべて、まるで誰かほかの女性の話であるかのように私の頭のなかでぼんやりと漂っていた。私ではなくなった、ほかの誰かの……。

運動不足のせいで血行が悪くなり、弱くなったこの体を懸命に維持しようとしても、体調は悪くなる一方だ。朝早くや夜遅く、居室で許されるほんの短い休憩時間に、私はストレッチをしている。私たちは栄養が不足しているわけではない。むしろその反対だ。それでも私の体重ははた目からもわかるほど減ってしまっていた。食べものに薬が入っているのだと思う。なんだかわからないけれど、食事に何か余分なとろみと味が足されているような気がする。誰かが皿に、何か見えない顆粒をふりまいているような感じ。私たちは食事中に薬漬けにされているのだろうか?

ここで過ごした時間に消耗したせいかもしれないが、自分でも記憶力が失われているのではないかと気づくようになった。頭のなかの考えがごちゃごちゃになり、からまったひもが固くなってほどけないみたいだ。

私たち収容者は日中、列をなして、リノリウムの無機質な床の上を、まるで青いパジャマを着た夢遊病者のように足を引きずって歩く。そのなかのひとりが気を失うこともよく起こる。あとで監視員が迎えにやってくる。数時間後、その人が連れ戻されてきても、私たちは注意を払わない。かつてはショッキングだと思っていた多くのことが、ふつうの出来事になった。平手打ち、侮辱の言葉、心臓発作を起こし、なかには死んでしまう仲間たち——それがここでの日常なのだ。食事と同様になかなか消化できない授業が続いていく、このうんざりするような収容所生活のリズムによって、私は、もはや理性を保っていられなくなるほど疲弊していた。教官はひとりひとりに個人用の日記帳を配布した。使える「自由時間」はごくわずかだったが、そのあいだに自分たちが何を考えているかを記録しなければならなかった。私たちの夢、思い出、そして「犯した罪」についてだ。三日おきに監視員が日記を取りに来る。教官は内容を読み、こうして私たちのひそかな心の悩みにまで踏みこんでくる。けれども、彼らは私がそこに少しでも本心を書きつづっていると、本気で信じているのだろうか？薄暗い電灯のもとで日記のページを嘘ばかりで埋めつくすのだから、書いて気持ちが軽くなるわけではない。教官たちの破壊的な再教育に効果があるように見せるカモフラージュのようなものだ。私は内心、このばかげた文章を笑っていた。それでも心のもっと奥底では、こうして自分が熱心に自己批判をさせられることによって、毎日少しずつかつての私、かつてのグルバハールから遠ざかっていることもわかっていた。

バイジャンタンが眠りについているとき、私は目を覚ましていた。自分が考えることができるのは、このときだけなのだから。夜中に、闇のなかで目を見開きながら、私はあらゆる力をふりしぼって心のなかで唱えていた。私は無実、私は無実、私は無実、と。

あるとき、バイジャンタンでの生活に変化が起きた。すべてのはじまりは一〇月一八日、第一九回中国共産党全国人民代表大会が開催されたときにさかのぼる。(1) 三日にわたって、興奮の波が教官にも監視員にも私たちにも押し寄せた。習近平は、国の幹部が一堂に会するなかで、二度目の五年任期を前に再選をめざして大演説をしようとしていた。私たちは教室からテレビでそのようすを見ることになった。イードの前夜のウイグル人の家のなかのように、収容所も衣替えが行われた。すべてが非の打ちどころがないようにしなければならなかった。

監視員たちはいつも必要以上に清潔さを求めていた。どの収容者もどの居室も文句のつけようのないほどきれいにしなければならない――それがまず、私がここで学んだことのひとつだ。授業以外の時間は、洗剤とぞうきんを手にかがみこんで床磨きをした。ほんのわずかな汚れも残ったままにしたら最後、叱責や懲罰が待っている。バイジャンタンは私たちの従順な心を映し出す鏡でなければならない。気味が悪いほどピカピカに光れば、そのぶん私たちの再教育はうまく進んでいるということになる。

けれども今回は、とにかく早くことを進めなければならなかった。国家主席のためなら、すべてが美しくて当然だった。赤と金色の大きな共産党旗が壁にかけられた。教官たちは各教室にテレビを設置した。一八日が近づくにつれて、私たちの単調な日常生活に新しい興味が加わった。習近平は再教育収容所を主軸に置いたテロ対策プログラムが効果を上げていることを称賛するはずだ、と予想する収容者もいた。もしかしたら内部規則をゆるめてもらえるかもしれないし、生活環境が改善されるかもしれない。模範的な収容者は予定より早く解放されるかもしれない。収容所が共産主義一色に染まっていくなか、そんな希望が私たちに活力を与えていた。窓のない廊下のこもった空気のなかにも、お祭り気分がただよっていた。こうした演出はすべて、言うまでもなく私たちへの再教育の一部をなしていた。この「分かちあう喜び」を通じて、私たちは全国民の父の偉大さを心に刻みこまなければならないのだ。お笑いぐさもいいところだった。だが、解放されるという夢物語を信じなくなった私にとって、自由の身になれない以上、ここでの生活環境が少しよくなるかもしれないと考えることが、完全に打ちのめされずにすむ方法だった。

かくして、その日がやってきた。一八日の午前中、私たちは全員、教室の自分の席についた。この日のために、自分の青い制服もしっかり洗った。テレビのスクリーンだけが光っている教室のなかで、石鹼の香りが汗のにおいと混ざりあっていた。画面には宣伝バナーがくり返し流れていた。緊張感が高まってくる。ついに北京からの中継が始まった。人民大会堂のえんじ色の分厚いカーテンの下で、何千人もの忠実な党員の割れんばかりの拍手を受けて、中華人民共和国主席が演壇に現れた。

その人の顔は、写真や肖像画、テレビですでに見たことがあった。けれども、これまでほんとうの意味で注意して、その姿を見たり話を聞いたりしたことはなかった。すでに述べたとおり、政治は私の関心事ではなかった。なるほど、習近平とはこういう人なのか。テレビ画面のフレームに収まったその姿は、私にはむしろ無害な人のように思えた。肉づきのいい顔をして、ボタンつきの黒いジャケットをまとった堂々たる恰幅の上半身は、人当たりがよさそうに見えた。演説はとても長く、熱がこもっていた。収容所にひびきわたった愛国歌も忘れられない。椅子から立ちあがってもいいタイミングを見はからって教官が音頭を取りはじめ、私たちは精一杯大きな声を出して、習近平と彼が率いる国家の栄光をたたえる歌を歌った。

共産党がなければ新しい中国はない
共産党は国民のために労苦をいとわない
共産党は心血注いで中国を守る(2)

とりわけ私が覚えているのは、習近平が党書記に再選されると、バイジャンタンでの生活が変わったことである。ところが残念なことに、期待していたとおりに変わったわけではなかった。

まず自由時間がなくなった。もともとここでは週末などというのは存在しておらず、毎週休まず夜明けから日没まで学習していた。どの日も前日と似たり寄ったりで、かれこれ何カ月もそれが続いてきたのだ。それでも土曜日と日曜日はいつもと違っていた。その日にこなさなければならない授業や掃除などの日々の雑用があっても、一日の終わりに数時間だけ、自分たちの居室から出ることができたからだ。そうした恩恵は必ず与えられるというわけではなく、監視員の機嫌に左右されたが、このめったにない休息の時間のあいだに、私たちはほかの部屋からの訪問を受けたり、自分たちも収容所の「お友だち」の部屋に行ったりした。四人生活ではあったが、それでもある程度は人間らしい生活だった。

監視員の見張りがゆるくなるこうした休みのあいだに、収容所について多くを知った。サイコロや角が折れたトランプを囲みながら会話がはずむ。中国語の歌が廊下にひびきわたるなか、この一週間のバイジャンタンの最新情報は口コミで私たちのあいだに伝わっていく。ここのところ誰もが口にした話題があった。ワクチン接種――私たち全員が強制的に注射を打たれたのだ。

ある朝のこと、監視員が私たちを順番に保健室へ連れていった。私たちを待ち受けていたのは白衣を着た漢人のグループだった。延々とわめき、拒否しつづけても、私は注射を打つか打たないかの自由を与えてもらえなかった。職員のひとりが診察台の横に置いてあった注射器一式を指差しながら私に言った。「グルバハール、あなたにはワクチンを打たなければならないの。あなたは五十歳だし、免疫力が落ちているから接種しないとインフルエンザにかかりかねない。ね、私もあなたと同じようにこれからワクチンを打つのよ」。あとで報復されるのが怖くなった私は、同意書に署名をし、腕を差し出した。さきほどの職員の同僚が私に注射を打った。おろかだった。いまならあの職員が私に嘘をついていたのがわかる。彼女はほかの収容者たちにも同じことを言っていた。けれどもそれだけではなかった。自由時間のあいだに、多くの女性たちが恥ずかしそうに、生理が来なくなったと打ち明けたのだ。なんでも、ワクチンを打った直後から月経が止まってしまったという。若い娘たちは泣いていた。その多くが婚約中で、収容所を出たら家庭を築きたいと願っていた。すでに閉経を迎えていた私は、「だいじょうぶよ」と彼女たちを安心させようとしたが、心の底では恐ろしい想像がふくらんでいた。彼らは私たちに不妊処置をほどこしているのだろうか……。

さらに、あの共産党全国人民代表大会が終わってからというもの、私たちはたがいに視線や笑みを交わすことすら許されなくなった。「視線を下に！　目を合わせるな！」と監視員たちがどなる。収容者たちの列がそばを通ると、私は床に目をやり、自分の見苦しい黒い上履きをひたすら見つめる。食堂でも、衛生管理の名目で集められるときも同様だった。なぜこうしたなけなしの自由ですら奪われなければならないのだろう？　毎日、新しい女性たちが収容所に送られてくる。隣りの居室は最近着いた者でいっぱいになった。彼女たちのおびえた顔が目に入る。元気づけてやりたいし、注射を打たれないようにしなさいと大声で注意したい。けれどもそうしたところで、どうなるというのだろう？　結局彼女たちは注射を打たれてしまうだろうし、私は罰を受けるはめになるだけだ。だから私は何も言わなかった。バイジャンタンではどんどん人が増えているのに、私はこれまでになく孤独だった。

外では何か奇妙なことが企てられている。そんなふうに感じる。新疆での混乱状態が収容所の壁に反響して、遠くからひびいてくる声が私たちの耳にも届いていた。監視員たちはとくに神経質になっていて、公的機関の視察があると言った。ウルムチの共産党地方支部の幹部が「衛生状態と教育内容を調べるため」近日中に収容所にやってくるという。「優秀な生徒には、彼らの質問に答えてもらいます」。私もそのうちのひとりだった。まったくお笑いぐさだ。答えといっても、暗記するように命令された嘘のかたまりでしかない。もし誰かが私に質問をしたら、このように答えなければならない。「職業教育訓練センターでの生活はとても幸せです。ここでは仕事を学び、じゅうぶんな食事をとらせてもらっているからです。少しお給料ももらえるんですよ。服や生活必需品はすべて支給してもらっています」。でたらめばかりだ！　私たちは、衣服も洗面用具もほとんどもらっていなかった。ここで私たちがくり返し言われたただひとつのこと、それは、ウイグル人はテロリストなので自己批判しなければならないということだった。なぜ私たちはそんなふうに嘘をつけと命令されなければならないのだろう。彼らには何かやましいことがあるのだろうか？

例の全国人民代表大会の数週間前に、私たちには指示をあおぐべき「担当者《チューター》」が割りあてられた。

まるで、分厚い本を暗記するのに疲労困憊するだけでは足りないといわんばかりに、この「担当者」の女性との週一回の面談が、収容所での地獄のような毎日に加わったのだ。私の担当者はミフライという女性だった。彼女には面会室で会った。ミフライは毎回、すわって待ちながら私の「ファイル」に目を落としていた。若いウイグル人女性で、茶色い豊かな髪の毛を首の後ろでくくっていた。信頼できそうなやさしい声をしていたので、私は彼女にこれまでのことを洗いざらい話した。逮捕のこと、フランスにいる家族のこと、私は無実だということ。彼女は私を質問攻めにし、私も同じように彼女に矢継ぎ早にたずねた。「いつになったらここから出してもらえるの？　家族には会えるのかしら？　電話はさせてもらえる？」ミフライはやさしい口調で私の質問をはぐらかした。「がまん強くならなきゃだめよ、グルバハール」と言って。ところが全国人民代表大会を境に、ミフライは疑り深くなった。私の言葉を細かく吟味して、横柄さが表れているのではないかと考えるようになった。よりによってどうしてこんなことに！　ミフライは私が話すことができるただひとりの人なのに。私たちの口が封じられれば封じられるほど、面談は警察の取り調べのような様相を帯びていった。いつここから出られるのかと彼女にたずねると、気を悪くしたように顔をしかめるようになった。「グルバハール、まずあなたが反省して生まれ変わらないと。罪を認めないといけないわ。どうしてそんなにいつ出られるかとばかりきくの？　どうやってあなたのことを信じればいいの？　ひとたびあなたが外に出たとして、二度とあなたがやらかさないという保証はあるのかしら？」

ある日、とうとうミフライは私に報いるかのように「あなたはここで裁判を待たなきゃいけないのよ」と言った。裁判ですって？　何カ月ものあいだ、弁護士に会うことも刑を宣告されることもなかったあとで、裁判を告げられるとは。この瞬間、私は希望を持つことをやめた。裁判の判決で、私は有罪にされ、すべてが終わるだろう。私は祈ることに逃げ場を求めた。話を聞いてくれる相手は、もう神しかいない。外で何が起きているのかまったくわからないが、それでも私の勘がよく当たることは確かだ。何かが起きているのだ。毎日、新しいマイクロバスに女性がたくさん乗せられてやってくる。バイジャンタンはいまや、罪人にされた二百人以上の人々がひしめく工場となっていた。この外では、ウイグル人が次々と逮捕されている。まるで誰かにこの壮大な再教育計画がじゃまされようとしているかのように、警察は一分一秒を惜しんでいる。私たちをできるだけ早く絶滅させようとしているのだ。もしここで疲れ果てて死なないのならば、こうして予告された「裁判」で私たちにとどめをさすのだろう。私は死刑を宣告されるのだろうか？　外国に逃げたウイグル人の女の命など大事にされないだろう……。

# 第12章

## 二〇一七年暮れから二〇一八年初め

何も起こらない。無の世界だ。二〇一七年の暮れ、冬のさなか、私はバイジャンタンに埋もれていた。年が明けても、居室のひんやりした壁に囲まれて、気を落としていた。居室のなかは、名前が数字に置きかえられた、おびえた女性たちでいっぱいだった。私はもはや彼女たちとよく知り合おうという気も起こらなくなっていた。世間から切り離された収容所のなかでの紆余曲折を経て、私の忍耐力もゆらいでいった。手加減のない指導がはてしなくくり返され、来る日も来る日も何も変わらない過酷な日が続く。監視員の呼び子、侮辱の言葉、どなり声にさらされる毎日。空気の悪い廊下を、洗面所まで亡霊のように足をひきずって歩き、それから教室へ向かい、日が暮れるまでプロパガンダを暗記する。夜になると別の収容者の悲鳴で目を覚まし、飛び上がる人がいる。彼女たちはそんな叫び声が闇を切り裂いて届いてくると、凍える寒さにもかかわらず寝床からぴんと起き上がるが、また力なく倒れていく。私も片目を開けるものの、もはやその苦しげな声がどこから聞こえるのかも、どんな虐待のせいで苦しんでいるのかも知ろうとせずに、また寝てしまう。

　かつての自分を思い出すと胸が痛くなる。私、グルバハール・ハイティワジは無実だ。かつての私は、子どもたちにとってやさしい母で、夫に夢中の妻だった。毅然として、意志の強い、活力にあふれた女性だった。家族とともに新疆を離れた私たちに、フランスは自由を与えてくれた。私はフランスを愛している。人権の国、フランス――この国に受け入れられた誇らしさを持って、ケリムは絶えずこの言葉をくり返していた。そんなに昔のことではない。一年、あるいはそれ以上たったのか、正確にはわからない。ここでは時間という概念が存在しなくなってしまったからだ。ずたずたに傷つけられた私の心のなかに、ケリムとグルフマール、そしてグルニガールの顔がぼんやりと浮かんでいる。記憶は、水が流れ落ちるように指のあいだからすり抜けていく。私にはなすすべがない。

　学んだことを自分のものとして吐き出すことに時間とエネルギーをとられるあまり、考えるための余裕がなくなってしまう。「おまえたちは犯罪者だ。犯した罪を自白しさえすれば、党に許してもらえる。そうしたら解放してやる」と日がな一日、聞かされる。監視員や教官が絶えずくり返す決まり文句を聞いていると、私たちは屈服せざるをえなくなる。こうして、どんなに頑なで向こう見ずな者でも、最後には洗脳に負けてしまう。ある夜、「陳全国[(1)]はまったく私たちを見くびっているのよ。こんなふうにしたって私たちを変えることなんてできないわ」と収容所仲間がささやいたことがある。

新疆の統治者に向かって中指を突き上げるこの言葉を暗がりのなかで聞いて、私は苦笑した。共産党に屈してはいないと信じたいけれど、私たちはまだ再教育されていないと言えるのだろうか？「おまえたちは犯罪者だ」。そうではないとくたくたになるほど叫んでみたところで、何になるだろう？　そう思ったからこそ私は、一年ものあいだ黙っていることができた。担当者《チューター》とのやりとりのなかで、自分の行為を悔いているふりをすることもできた。ここのところミフライは、やさしい励まして面談の空気を和らげることなどしなくなっていた。若い彼女自身、強力な洗脳による被害者だが、これまではあからさまにしなかった、私を自白に追いこむという自分の仕事の目的を隠そうともしなくなっていた。面談のたびに、同じことを十回、五十回、ときには百回も言う。私が罪を告白しないかぎり、現実に起きているこの悪夢は終わらないというのだ。裁判では包みかくさずすべて話さなければならない。そして党に許しを乞わねばならない、と。ミフライは裁判があるとは断言した。けれどもそれがいつなのかは知らないという。新疆で暮らしていたときは、母であり、妻であり、誠実な労働者であること以外、何もしなかった私が、いったいなんの根拠で裁かれなければならないというのだろう。弁護士をつけてもらう権利はあるのだろうか？　拘束されてからずっと、それを拒否されてきたけれど。ミフライは、裁判のしくみについては何も知らないと言った。この一年間、裁判にかけられるという考えが頭から離れず、強迫観念のようになっている。裁判で命が助かるかもしれないし、逆に死を宣告されるかもしれない。私はすっかり観念しながらも裁判に望みをつないでいた。どんな判決が出ようと、裁判こそがこのバイジャンタンの地獄から抜け出すただひとつのチャンスになるはずだ。

収容所の壁の向こうの新疆では、弾圧がさらにエスカレートしていた。バイジャンタンでは何台もの小型トラックからそれぞれ数十人の女性たちが降ろされていく。監視員や教官の攻撃的な態度、ミフライからの圧力、そして収容所内での緊張の高まりからも、中国が一刻を争う闘いをしているさなかであることがわかる。

新疆では収容所送りにならなかった人々でさえ、あらゆる権利を持った警察の残虐さを耐えしのんでいる。北部と南部の大都市では、次から次へと新しい規則が施行されている。あごひげを蓄えてはならない、スカーフをかぶってはならない、子どもにウイグル語の名前をつけてはならない、チャットアプリの《WhatsApp》を使ってはならない、外国にいる個人と連絡をとってはならない、伝統的な宗教行事に参加してはならない……。禁止事項のリストが長くなるにつれて、イスラム教とウイグル文化を根絶やしにしようとする恣意的な政策が透けて見えてくる。

大規模な公衆衛生プログラムを実行するという名目で、新疆ウイグル自治区当局は何百万人もの住民からDNA、指紋、虹彩、血液の情報の収集を始めていた[2]。そうした情報をとること自体は新しい試みではない。というのも、警察はすでにパスポートの申請手続きをした市民をはじめとして「疑わしい人物」だと思われる人々の生体情報を記録しているからだ。

いまや新疆の住民は市民ではなく、容疑者とみなされるようになった。警察のデータベースに蓄積されるおびただしい数のＤＮＡサンプルが、恐ろしい仮説の裏づけとなっている。自治区の市民は、ウイグル人であるかぎり、潜在的テロリストとみなされるらしいのだ。

ウイグル人には一切の情けをかけてはならない。「手加減はしないように」と、二〇一四年に新疆を訪問した習近平は共産党の地元公務員たちに語ったが、そのときの談話がニューヨーク・タイムズ紙によって明らかになっている(3)。

「ひとつの家族になろう」キャンペーン(4)によって、抑圧は僻地の家庭にまで浸透している。共産党公務員がウイグル人の家庭に押しかけ、一週間にわたって彼らと寝食をともにする。ウイグル人は、自分の私生活を語り、政治信条を説明するように強制され、さらには習近平の思想を露骨な形で集中的にたたき込まれる。彼らはそのあとどうなるのだろうか。役人の陰険なやりかたに素直にしたがえば、収容所生活が免除されたり、なにかしら報われたりするのだろうか。私たちにはわからない。このような家族は仮名での証言であっても、恐怖のため詳しいことは語らない。証言がヒューマン・ライツ・ウォッチやアムネスティ・インターナショナルによって拡散されると、新疆の砂漠の魔の三角地帯で行方不明になりかねない。

このように中国政府はウイグルの人々を、ときには収容所で、ときには沈黙のなかで、真綿で首をしめるように抑圧している。だが、習近平はなぜ唐突に再教育を「学校」の外にまで拡大することにしたのだろうか。ウイグル人抹殺をこれほどまでに急ぐ理由は何なのだろう？

二〇一八年の初めに新疆の「学校」の存在が知られることとなり、世界の人々はあぜんとした。警鐘を鳴らしているのはもはや人権擁護団体だけではない。これまで中国は国家規模のデジタル検閲網によって守られてきたが、アメリカやカナダ、そして本国である中国からメディアにぽつぽつと寄せられるようになった生還者たちの証言や、世界中に拡散された内部告発者の映像が現れるにつれて、めっきがはがれつつある。世界中に散らばったウイグル人たちが、欧州の首都でデモを行うようになった。東トルキスタンの水色の旗がはためくなかで、彼らは何カ月たっても消息がつかめない親族の顔の拡大写真を掲げている。また世界ウイグル会議[5]は各国政府に対して、行動するよう強く求めている。新疆で残虐な行為を目撃した住民たちのなかには、危険をおかしてまで中国のソーシャルメディアに画像や動画を投稿する者もいる。習近平が率いる中国では、ウイグル人のとても若い女性たちに、ほかの国では見られないような特異な運命を用意している。民族衣装を着て花飾りをつけ、まぶたにアイメイクをほどこしたウイグル人女性が、満足げにほほえむ颯爽とした漢人の腕に抱かれて、うつろな目でポーズをとっている集団結婚式の動画が公開されているのだ[6]。この女性たちはおそらく結婚を強制されているのだろうが、いまのところ明白な証拠を示すことはできていない。外界から遮断された新疆の女性たちの声は聞こえてこない。こうした結婚は収容所に代わるものなのだろうか。あるいは犠牲になっている女性たちは、親族の「罪」をあがなうための交換条件にされているのだろうか。中国の南部に暮らす漢人に買われるベトナム人花嫁のように、彼女たちも金で買われたのだろうか。

外国に住むウイグル人によって入手され、公開された動画からは、多くの恐ろしい筋書きがかいま見える。誰も見たくない、けれども直視しなければならないこと、つまりジェノサイドが疑われるのだ。

この二年ものあいだ、この件について意見を表明するのを渋ってきた欧米民主主義諸国も、行動を迫られている。中国にかけられた疑惑は無視できないほど多く、中国に対してあまりにも深刻な告発がなされている。まもなくアメリカ政府は、はっきりした態度を表明するようになった。ここ数年にわたってアメリカは、「ウイグルの母」と呼ばれるラビア・カーディルを筆頭に、中国政府に敵対する政治家、知識人、芸術家を新疆から迎え入れてきた。中国という「敵」を前にして、アメリカの中枢にいる人々は立場を鮮明にしている。二〇一八年に人権活動家らが国連で行った報告をきっかけにして、ドナルド・トランプはあらためて「ウイグル問題」を取り上げ、5G、香港、台湾問題と同様にこの問題を中国政府に対する貿易戦争の新たな切り札として利用した。

ところが、ヨーロッパの民主主義諸国は、ウイグル問題に対してアメリカほど関心をよせていない。居心地が悪そうに態度を明確にしないのは、初めから負けが決まっているとは言わないまでも、自分たちが中国と対等には力勝負ができないように感じているからだ。実際、中国は経済外交分野に長けている。たとえば欧州諸国に資金を供給して自分たちの行状を黙認させ、各国政府に譲歩を強いている。さらに、中国が提示する「一帯一路」という最新のカードには桁はずれの影響力がある。中国が海と陸で展開しようとしているこの巨大なインフラ計画は、なにより大国中国とヨーロッパを結びつけることを目的としている。つまり中国はヨーロッパを、経済関係における優先すべきパートナーのひとつに位置づけている。

さらに中国は、国連のさまざまな組織に食いこみつつある。二〇一八年、中国政府は新疆での強引な変革を終える一方で、国連下部機関の戦略的なポストに手駒を配置しようと策をめぐらせている。中国の関係者は、新たな国際的ルールを少しずつ設定していくという目的に到達すべく、ロビー活動と脅迫を使いこなしている。その新たなルールでは、各国の経済および社会的発展のためなら、人権優先という考えは隅に追いやられてしまう。中国は国連のいろいろな領域に資金を投入していることもあり、その発言力の重さは国連安保理の常任理事国として持つ拒否権の影響力をはるかにしのいでいる。たとえば二〇一五年には、国連平和発展基金を設立するために、十年で二億ドル規模の資金を提供すると公約している。二〇一八年時点で、中国がリードする民間航空、工業開発、電気通信連合分野の三つの機関のなかで、ふたりの中国人事務局長が三年、および四年の任期で再任されている。中国はひそかに、戦略的な分野で継続的な地位を確立しているのだ。[7]

だが、おそらくその最たる例は、世界の飢餓撲滅を担う国連機関である国連食糧農業機関（FAO）の事務局長に屈冬玉が選出されたことだ。二〇一九年七月、中国の農業省副大臣にあたる農業農村副部長だった屈冬玉は、第一回投票で全一九一票のうち一〇八票を獲得するという圧倒的な得票差で当選した。フランス人カトリーヌ・ジェラン＝ラネエルがこの事務局長選の最有力候補だといわれていたのにもかかわらずである。当時、外交筋のあいだでは、中国が今回またもロビー活動と資金力によって票を自分たちのほうに誘導したとささやかれていた。たとえば、何年も前からＦＡＯに莫大な資金を提供してきた中国がいくつかの加盟国の債務を帳消しにした、といわれている。そのなかには、自国からの立候補の取り下げと引き換えにしたというカメルーンも含まれている（総額七〇〇〇万ドルの債務帳消し）。選挙戦が終わったあと、ジェラン＝ラネエルは率直に「中国は、私たちが使わないような手段を用いて、非常にアグレッシブな選挙活動を展開しました」と述べている[8]。

このように中国は、国連に影響力を行使することによって、スイスのジュネーヴで行われる国連人権理事会で新疆の「再教育収容所」問題が議論されるさいに受けるであろう非難にもそなえている。国連に付属するこの国際政府間組織は、人権がしっかり守られていない国で調査をしたうえでレポートを発表することになっている。すでに二〇一八年に「ウイグル」問題は監査対象として存在しているというのに、いまのところ、中国政府への対応はひとつもなされていない。

ところで、私の娘のグルフマールの闘いは、メディアの脚光を浴びることもなければ、国連の専門家の視界からもはずれたところで足踏み状態にあった。再教育収容所にかんする多くの事実があちこちで明らかになっていく一方で、娘は私の解放のために、あてもないまま助けを求めるメッセージを発信した。亡命ウイグル人の家庭や他国に移り住んだ著名なウイグル人、人権問題を専門とする弁護士など、あらゆるつてをたどった。彼らは惜しみなくアドバイスを与え、激励してくれたものの、めぼしい成果は得られなかった。

グルフマールは、在北京フランス副領事との書面でのやりとりに疲れはてていた。必死に書き送った電子メールのほとんどが、返信すらされないままだった。ときおり、領事館の職員が彼女を安心させようとして電話をよこしてきたとはいえ、具体的な情報は何もなく、新疆当局と交渉しているのかどうかもわからないために、私が戻ってくるという希望を持てないままだった。娘が新疆の私の母や妹に何回か電話をかけてみたところ、「すべてうまくいっているわ」「ええ、本当にあなたのお母さんはまったく問題がないから心配しないで」というあいまいで不安の残る返事がかえってくる。最後に彼女が私の母と電話で話したときには、母は泣き崩れながらすべてを打ち明けた。「悪く思わないでほしいのだけど、もう電話はかけてこないで。彼らがやってきて、それはもう長時間にわたって尋問されたの。みんなおびえきってるのよ。どうしてこんな目にあわされるのかしらねえ」

グルジャの母の家の台所で、警官——たぶん私を拘束したあの警官——が、お茶を出してもらったあと母を尋問しているようすが目に浮かぶ。母は警官の前にすわり、知っていることはすべて話すと約束している……。

それから四日後、グルフマールはもう一度電話で母と話そうとした。けれども、それはかなわなかった。母の電話番号を入力すると、呼び出し音が切れた。回線がなくなってしまったか、電話番号が削除されたかのように切れてしまったという。

この二年間、娘たちと夫は最悪の事態を思い浮かべていた。私が死んだと思っていたのだ。ケリムは体重が三〇キロも減り、ひどく落ち込んでしまった。休むことなく働いていたが、目の輝きは消えてしまっていた。われを忘れて、私を探しに新疆まで来ようとしたこともあった。

# 第13章

## 二〇一八年春

ふたりの居場所は数万キロ離れていた。年齢もかなり離れていた。ひとりは四十歳代のドイツ人研究者。もうひとりは二十歳代、中国生まれで、カナダのバンクーバーにあるブリティッシュコロンビア大学で法学を学んでいた。ドイツ人研究者はすでに、中国のチベット抑圧にかんする研究で中国政府の怒りを買っていたが、バンクーバーの大学生はまだ無名の存在で、中国当局にも在外ウイグル人にも知られていなかった。前者の名はエイドリアン・ゼンツ、後者の名はショーン・チャンという。

ふたりの男性には共通点があった。二〇一八年の春、身内の消息がとだえてしまったウイグル人家族や「学校」から生還した数少ない人々からの、恐ろしい、しかし確認のとれていない話がメディアで報じられたが、このふたりの男たちは各国政府や国際機関が持ちあわせていなかったものをもたらした。証拠、それも何百もの証拠を。

ゼンツは新疆ウイグル自治区の公文書、政府調達工事の公募情報、インターネットでの求人情報を徹底的に読みこみ、再教育システムがどのようにはじまり、形となっていったのか、その全体像を明らかにした(1)。二〇一六年八月に、陳全国が新疆のトップ、つまり新疆ウイグル自治区共産党委員会書記に就任してから二〇一八年春までのあいだに、再教育収容所がどれほど増えていったかを証明した。さらにゼンツは、当局関係者の意見が述べられている新疆の地域メディアにも目を通した。彼によれば、新疆にはいまや一二〇〇カ所の再教育収容所があり、一カ所あたりの収容可能人数は二五〇人から八八〇人に上る。つまり、約一〇〇万人がこれまでこれらの収容所に送られた可能性があると推計したのである。

中国は、自らの検閲システムの無防備さによって墓穴を掘ってしまったのだろうか？　実際、調査中ゼンツは、オープンソース、すなわち閲覧し放題になっていたこれらのデータに難なくアクセスすることができた。ウイグル人を対象とした思想教育のしくみを理解するのに、彼は貴重な情報が際限なくちりばめられている自治区のウェブサイトをアトランダムに見てまわるだけですんだ。党中央宣伝部は、「労働による改造」と書かれた宣伝文句と同じく「再教育収容所」という言葉をちりばめた発表をインターネット上で目立たなくすることには関心がない。つまり、外部の者たちに門戸を閉ざした新疆では、こうした施設はもはや誰にとっても秘密ではなくなっているのだろう。

たとえばカラマイの公共職業安定所は、二〇一七年五月に「《教育による改造》の四つのクラスのために再教育収容所の職員一一〇名」と「警察署、検問所、および《教育による改造》センターでの職務のために警官二四八名」を募集した、とゼンツは指摘する。それからしばらくすると、自治区公務員職のウェブサイトでは、ホータン地区のふたつの県で「《教育による改造》センターで数名の教員」を募集する、と書かれていたという。採用の条件は「犯罪心理学の知識」および「マルクス主義についての知識」だった。施設建設工事の公募の場合、その大半はどのような建築設備を必要とするのか、その基準を明確に提示している。そこには「外壁、防護フェンス、金網、有刺鉄線、防犯が強化されたドアや窓」のみならず「監視システム、監視塔、監視員控室、派出所、武装警察用の設備」、「刑務所の居室用の特別仕様のドアやベッド」などが挙げられている。こうした情報は、これらの「学校」が単なる学校ではなく、要塞化され厳重な警備が敷かれた真の収容施設であることを示している。

一方、チャンは衛星画像をさぐっていった。公募のさいに明記された所在地の情報をもとにして、何十カ所にもおよぶ収容所を見つけることができた。林立する有刺鉄線の柵や建物のまわりにそびえ立ついくつかの監視塔を見れば、それらが収容所だとはっきりわかる。一カ月前には砂漠しかなかった場所に、巨大な収容施設が何棟も建っているのを見ることもあった。チャンは来る日も来る日も、こうした収容施設が地面から忽然と現れるのを見た。彼はまず、二〇一八年春《Medium》に立ち上げたブログに、自治区の南部にある大都市カシュガルとその周辺に建設された三つの施設の位置情報とスクリーンショットを記載している。その投稿は二〇一八年五月二〇日付だったが、その二日後にチャンはまたも情報をアップした。今度はホータン地区のホータン県の収容施設だ。そして同日にもう一件、同じくホータン地区の別の県であるカラカシュ県に位置する収容所についても投稿。そのインタラクティブ・マップには赤いタグがみるみるうちに増えていった。ネット告発者になったチャンは、中国にいる自分の家族を危険にさらしていることはわかっているという。共産党は、彼が収容所の画像を投稿したことを許さないだろう。両親はすでに地元当局から接触を受けたが、彼は休むことなくこのブログの情報を更新しつづけている。

このように、仮にまだ世界が収容所の存在を真に受けていないとしても、その事実は確認されている。中国は、それとは正反対の主張をしているにもかかわらず、まだ労働収容所の利用をやめていない。こうした抑圧的な手法を刑務所のシステムから排除すると二〇一三年に確約するまで、中国には政治的あるいは宗教的な反体制派や、犯罪者や、社会からはみ出した人が送られる堅固な収容所網があった。一九五七年に毛沢東によって導入された「労改」(文字通り《労働改造所》の意)は、世界の大国中国にとってのソ連の「収容所《グラグ》」のようなものである。全国に散在するこれらの巨大収容施設で、収容者は自分たちの「罪」を労働でつぐなうべく精根つきはてるまで酷使された。だが、中国版収容所《グラグ》の固有の特徴として、四方に大きく広がる刑務所群のなかに「労教」、すなわち「労働教養所」という独立した部門がある。労改とは違い、中国の司法手続きに則ったルールが適用されない施設である。つまり、誰であろうとその思想が悪いものと判断されたらすぐさま、裁判なしに、最高で四年間、労教に送られる。労教は二〇一三年に労改とともに廃止されたことになっているが、その目的はとくに、宗教にかぶれているとみなした人々を矯正することだった。

多くの点で、超法規的な構造とイデオロギー浸透の意図をもつ「学校」は、毛沢東時代の労教の復活版となっている。中国政府が、これらの学校は新疆ウイグル自治区内でのテロの脅威の対応措置だ、と主張しているとしても、ウイグル人の行動そのものを弾圧しているだけではない。ゼンツは、くりかえし引き合いに出した地域メディアの報道から、次のような実態を指摘している。[2] ウイグル人の信仰と思想こそ、共産党が公式声明で、医学用語をふんだんに駆使しながら攻撃する対象であると。共産党によれば、ウイグル人は宗教に毒されて暮らしており、その悪影響を再教育によって取り除かなければならない。ウイグル人はイスラム過激派やテロリズムのいわば温床となっている。となれば、その害毒となっている温床を壊滅しなければならない。それで、こうした「学校」での再教育は、肉体労働よりも、精神を消耗させて改造することに焦点があてられているのだ。

二〇一八年の春、中国の情報を調べていたのはゼンツとチャンだけではなかった。パリでは私の娘のグルフマールも、素人ながら独自の調査を進めていた。標準中国語の完璧な語学力を持ちあわせていたおかげで、中国のインターネット情報を細かく調べ、収容所の存在の証拠をあきらめることなく探しつづけたのだ。娘は《WhatsApp》や《TikTok》の中国版に相当する《微信（WeChat）》や《抖音（Douyin）》といったアプリから、新疆に残っている知り合いの投稿を集めた。その大半は中央宣伝部の検閲が発動するまでの数分間しかオンライン上に残らないため、スピーディーにやらなくてはいけない。そこで、彼女はあやしいと思えるような投稿は片っ端からスクリーンショットを撮った。ある「学校」での仕事の募集、「職業教育訓練センター」での電気技師の求人、火葬場の画像、かつてはとてもにぎわっていたカラマイのある地区の空っぽになってしまった通り、などを画像におさめたのだ。グルフマールは北京のフランス大使館に報道記事や必死のメッセージを送るだけでは満足しなかった。新疆の親族がなぜ電話に出なくなったのかを理解しようとした。

私が中国で拘束されているあいだに、娘は私が生きのび解放されるように奮闘していた。情報は極秘で、秘密のデータベースのなかに存在し、そのデータベース自体が新疆当局の所有するファイル群のなかに埋もれているということはわかっていた。私の事案は当局が隠している「要注意案件」のひとつだった。新疆は、言ってみれば暗証番号ロックを解除するだけでは開かない金庫だった。

二〇一七年の冬に、私の事案はフランス外務省の知るところとなった。ある知り合いが、外務省の人権大使だったフランソワ・クロケットにグルフマールを紹介してくれたのだ。クロケット大使は、その日の午前中すべてを割いて、グルフマールとほかの四人の亡命ウイグル人の話を聞いた。彼のおかげで、私の名前がついたフランス「領事案件」のファイルができた。あなたの母親はフランス国籍を持つ市民として扱われることになる、と大使はグルフマールに約束した。

それ以来、月に一度、黒いテーラードスーツを着たブルネットの女性がグルフマールと面談することになった。地味ではあるが日当たりのよいオフィスのなかで、娘はすべてを話した。カラマイでの私たちの過去の生活、フランスに来ることになった理由、ブーローニュでの穏やかな歳月、そして唐突にかかってきたあの謎の電話、私がパリを発ち、新疆で行方不明になったこと……。それから私が再教育収容所に拘束されているのではないかという推測も話した。そして娘は、何より恐れていることも打ち明けた。中国当局が私を死刑にするかもしれない、と。彼女の前にすわっていたブルネットの女性は、話をさえぎることなく聞いていた。ノートをとり、娘を落ち着かせようとコップ一杯の水を差しだした。感極まった娘が言葉を詰まらせると、机越しに腕をのばして、娘の手をやさしく握った。

フランス外務省は中国政府に対して行動を開始した。担当チームがフランス大使館と中国外務省に連絡をとり、交渉が始まった。この時点ではまず、私がどこにいて、なぜ拘束されているのかを把握することが先決だった。毎月、中国当局と大使館のあいだで会合が行われた。私の名前もそこで出された。だがそのときは、これらの議論からは何も決定的な回答は得られなかった。「中国側はメモをとるだけだった」とテーラードスーツの若い女性がグルフマールに説明する。「メモをとっているですって？　どうしてまたメモをとるんですか？」「そうね、あなたのお母様についての情報をメモしているのよ。そうした情報をこれから自分の上司に上げるのでしょうね」。グルフマールはこみ上げてくる怒りをこらえた。フランスと中国の政府上層部が会うたびに、会議をするたびに、個人的に話すたびに、母親の私を話題にしている、と女性は娘を励まし、「お母様をこの状態から救いだすために、できることは何でもします」と言ったという。

交渉が重ねられるにつれて、私の事案は少しずつ知れわたっていった。「グルバハール・ハイティワジ・ファイル」、すなわちフランスで亡命生活を送っていた女性が、理由もなく中国に拘束され、政府が秘密にしている再教育収容所に入れられている、という事案である。もう何度目だろう。待っていてほしい、とグルフマールは求められた。いま行われている話し合いはこのうえなくデリケートなものなのだ、と。少しでもまずい発言があれば、中国側は気を悪くしてしまい、私の事案はお蔵入りになってしまう。新疆は北京から何千キロも離れたところにある、陸の孤島のような場所だ。したがって当面、中国政府に対して視察団の受け入れを求めることはできない。

グルフマールはため息をついた。のんびりしている時間などもう残っていないというのに……。母親の私が新疆で拘束されてからじきに一年半になろうとしていた。外務省で定期的に面談するのと並行して、グルフマールはメディアにも訴えた。テーラードスーツの若い女性も娘に同意してくれたからだ。メディアで証言すれば、彼女の闘いがもっと大きな反響を呼ぶのはまちがいなかった。「でも気をつけてくださいね」と娘は注意された。ウイグルの大義とか政治的闘争の「ミューズ」であるかのように私を紹介してはならない。そうしたら彼らが水面下で積み重ねてきた小さな前進がご破算になりかねない。中国側が対処する意欲を失うかもしれないからだ。

グルフマールは一日の仕事に疲れて帰宅するたびに、「どうせ無駄かもしれない」という疑問にとらわれた。ケリムにいたってはがまんの限界だった。「彼らが行かないのなら、私が行く！　もう知ったこっちゃない。どのみちこっちは政治難民だ！　最悪でもグルバハールの代わりに私を拘束すればいい。グルバハールは何もしていないんだ、ちくしょう！」と激怒していた。メディアで証言し、外務省で面談するだけでは終わらず、今度は父親が自分の計画を実行するのではないかという心配が持ちあがった。もし父親まで新疆に行ってしまったら、グルニガールとふたりでどうすればいいのだろう。

それから数カ月たったころ、この闘いに新たな命を吹き込む大きな出来事が起きた。二〇一八年八月、国連が新疆の再教育収容所を公式に非難したのだ。(3)国連が意見を表明するのはこれが初めてだった。これまでなかった展開だったために、テーラードスーツの若い女性はすぐさまグルフマールに電話を入れた。「これで事態が動きだすわ。まちがいなくね。私たちは前に進んでいるのよ！」彼女は声をはずませた。エイドリアン・ゼンツのレポート、ショーン・チャンの画像、亡命ウイグル人の数多くの証言を裏づけとして、国連は中国に説明を求め、ジェノサイドにほかならない事態の規模を確認するために、新疆に独立代表団を送ることを受け入れさせようとした。

中国はいきなり沈黙を破った。二〇一八年一〇月、「教育による改造」センターの存在を認めたものの、これらの施設で人権が侵害されているという指摘をとりつく島もなく否定したのだ。(4)中国に言わせれば、これらはテロやイスラム過激思想、さらには失業問題を根絶することを目的とした、ごくふつうの「職業教育訓練センター」にすぎない。この反応は驚くべきことではなかったが、同時に気がかりでもあった。外国の情報筋がすでに恐れていたことを示していたからだ。中国政府はウイグル人の収容所送りをやめるつもりはない。むしろその正反対だ。この発表は、二〇一八年現在、中国がこの収容所の存在を世界に向けて正当化する法制度を作りあげたことを証明したのだから。

# 第14章

## 二〇一八年一一月五日、新疆北部のどこかで

「心配することはない。きみたちはみな、軽犯罪行為で適切に裁かれるのだから」。バイジャンタンの所長は私たちを励ますような態度で言った。くたびれはてた哀れな収容者である私たちに、花かプレゼントでも差しだしているかのような態度だった。「ほら、きみたちには刑務所で六年、九年、あるいは十五年をあげよう！」ひどい冗談だ。しかも、まだ続きがあった。「きみたちは私に『ありがとうございます』と言わなきゃいかんだろう！」まったく冗談にもほどがある。このほかにも半年前、所長が耳元でささやくのを聞いて戸惑ったことがあった。だいたい、私の落ち度を何もつかんでいないのに、どうやって私を裁くのだろう。せいぜい、パリのデモに参加していたグルフマールの写真が一枚あるだけ。それだけなのだ。こんなささいなことで誰かを断罪できるものなのだろうか？　私は

ミフライには質問しないように気をつけていた。挑発的なことを言うのはやめた。ほんのつまらないことで、罰が私たちにふりかかってくるからだ。運がよければ、監視員から平手打ちを受けるか数発たたかれるだけですむだろう。だが最悪の場合は一週間独房に入れられるはずだ。私にはそこまでして質問する気がおこらなかった。

もはや私は自分の影でしかなかった。幽霊だ。ケリムやグルフマール、グルニガールがいまの私を見たとしたら、きっと悲鳴を上げるだろう。私の体重はもう五十キロを切っていた。収容所のまぶしすぎる光のせいで視力は大きく下がり、左右のまぶたの下には小さな黒い隈がくっきりとできていた。以前は白髪が一本もないように気をつけていた私も、いまは白髪が混じった髪の毛をぶかっこうに束ねているだけだった。胸に手をあてても、もう感じられないほどに心臓の鼓動は弱々しい。そうでなくても背中はこりかたまり、脚も木のようにパンパンにかたくなり、突然、地獄のような痛みとともに痙攣におそわれることがある。

再教育収容所の生活は、私のまわりのいたるところで消すことのできない傷跡を残した。無機質な廊下を足を引きずるように歩いてばかりいるので、私たちは芯のないぐにゃぐにゃでゆがんだ物体の哀れなかたまりになった。青白い顔はむくんでしまった。蛍光灯の下で、汗ばみながらじっとしているからそうなってしまったのだろうか。昼間の日射しがなつかしい。短い散歩ですら週に三、四回しか許されていないのだ。それとも、椀に入れられるあのいかがわしい食べもののせいなのだろうか。私はもう、食事にはほとんど手をつけなくなった。彼らは私たちをここで死なせるつもりなのだろうか。だとしたら、食べたところで意味がない。または、いやでも受けさせられるあの注射のせいなのだろうか。今年の春は、看護師たちが新型インフルエンザを理由にしたため、私はもはや、前年の冬のときのようには抵抗しなかった。ほかの人たちと同様に、私も看護師に腕を差しだし、そのあと標準中国語で書かれた接種済みをあらわす書類に署名した。ほかの人たちと同様に、私もそのときはこれがワクチンなのか、それとも私たちの記憶を喪失させる薬剤なのか、考える気力も起きなかった。というのも私たちはみな、記憶を失っているからだ。

記憶をなくした私たちはどうなるのだろう？　かつては、夜になると女性たちのささやく声が居室の空気を埋めていた。私たちのあいだで会話があったからこそ、部屋には悪臭がただよっていても、それほどみじめにも空虚にもならなかった。子どもがいる女性たちは自分の子どもたちの話をしていた。末っ子は落ち着きがなく、年上の子は結婚をひかえている話。夫がほかの収容所、男性向けの収容所に拘束されている話。若い女性たちは、笑みを浮かべながら収容所の外で帰りを待っている婚約者の話をしていた。そして「ふつうの」女性としての生活、つまり子どもを授かれるような生活を送れるだろうかと心配していた。それに対して私たち年長者は、ひたすら安心させるようなことを言った。私は異国での生活について話した。パリ郊外の小さな家に集まって、ノウルーズを祝うためにバーベキューをする亡命ウイグル人の家庭の話を。人々の小さな連帯心が強いきずなをつむいでいくこと、成長するにつれて、子どもたち同士が母国語とは別の言語を話すようになること。みな私の話を怖がる反面、興味津々な目つきで聞いていた。外国、ここととは別の世界——あまりにも遠くのことに思えるのだろう。

こうした記憶が、毎晩私たちを生き返らせていた。たき火を囲んで物語を語るように、自分たちの過去を語りながら、記憶の火を絶やさないようにすることで、私たちは、母親、妻、姉や妹といった、かつて自分たちがそうであった女性のままでいられた。拘束され、辱めを受けようと、私の記憶はほかでもない私のものだったから、私はグルバハール・ハイティワジのままでいられた。私は当時、彼らが私の記憶を取り上げることなどできないと思っていた。

記憶を失ってしまうと、こうした話し合いもできなくなった。私たちは毎日十一時間、授業を受けたあとで居室に戻ってくるが、いまではもう、若い子たちも一言も言わずに藁の寝床の上に倒れこんでしまう。もう、彼らが私たちから取り上げた幸せの日々を、毎日よみがえらせる気力がないのだ。私はときおり、いくつかヨガのポーズをしてから床につくようにしていた。息づまる静けさのなかで、部屋の角にとりつけられたエアコンが断続的に出す音しか聞こえない。

記憶がなければ、私たちは囚人でしかない。名前も経歴もない女でしかない。彼らが言うように「テロリスト」、「犯罪者」でしかなくなる。そう、記憶がなければ私たちは死んだも同然なのだ。

考えれば考えるほど、彼らにはそれができるのだろうと思えてくる。彼らには私を殺すことができる。これまで中国は、ウイグル人に対して良心の迷いが一切ないことを証明してきた。私は無実なのに、ここに来てからもう二年がたつ。これまで何十人もの女性が姿を消すのを見てきた。私は裁判を約束されたけれど、その裁判の結果どこに送られるのかはわからない。当然、死刑もありうるだろう。

今朝、所長のその約束は監視員によって実行された。最初の女性たちが呼ばれ、二、三人のグループに分かれて教室を出た。こうして出ていった人たちは戻ってこなかった。なんてことだ。いったいどこへ連れていかれてしまったのだろう? 刑務所だろうか。殺されるために砂漠へ連れていかれたのだろうか。それとも、ここよりもさらに非人間的なほかの収容所だろうか?

私たちはこうしてバイジャンタンをあとにした。先月移動させられたのだ。夕食を終えたある夜のこと、私たちが連れていかれたのはいつもの学習室ではなかった。監視員たちは無言で私たちを居室に押しやり、ひとりひとりに黒い大きなビニール袋を渡し、「自分の荷物を入れろ」と命令した。彼らがふたたび迎えに来たころには、夜も遅くなっていた。彼らはそれぞれのビニール袋に私たちの番号を書くと、ひとつ残らず運んでいった。「どこに行くんですか?」とひとりがたずねると「ほかの施設だ。ここは狭すぎるからな。これから行くところはとても広い。もっと余裕があるぞ」。誰も表情を変えなかった。もう遅い。夜中の一時ごろだった。時間まで覚えているのは、移動の途中、通路を通ったさいに(これまで私が一度も通ったことがない通路だった)、時計を見かけたからだ。私たちは押し黙ったままいくつかの階段を下りると、ペンキのきついにおいがただよう、タイル張りのがらんとした部屋に着いた。監視員が一列に並んで私たちを待っていた。

吐いてしまうのではないかと思ったほど、私の胃は収縮した。どういうこと? 服を脱げって? ここで、みんなの前で、蛍光灯のあかりに照らされたなかで? いったい彼らは私たちに何をしようとするのか? 「服を脱げ」とリーダー格の監視員がくり返した。私たちは何度かおそるおそる横目でたがいに視線を交わしたが、その命令にしたがうほかなかった。そこで私は、ゆっくりと制服のつなぎの錆びたファスナーを引っぱり、足首までそれを下げた。誰もおたがいの姿を見ようとしなかった。おそろしい瞬間だった。いまでもそのときのことを思い出すとぞっとする。命じられたとおり裸のまま、こわばりながら脚を広げて前かがみになった私たちのうしろを人影が通っていく。彼らは私たちが恥部のなかに何か隠していないか調べていった。上半身を前に倒しているので、だんだん頭に血がのぼっていった。彼らの湿った息づかいを背中に感じる。私は嫌悪感と屈辱と恥ずかしさのあまり目をつぶった。

私たちはふたたび制服を着た。ひとりひとりが黒いジュートの頭巾のようなものをかぶせられ、後ろ手に手錠をはめられて、トラックの荷台に乗せられた。十五分後、私たちが着いた先は、まるでバイジャンタンの収容所を魔法で大きくしたかのような場所だった。建物も、廊下も、階段も、居室もみなまったく同じだったが、バイジャンタンと比べると規模がはるかに大きかった。ここには五百人以上の女性が収容されていた。

監視員が私の手首に電子ブレスレットをつけた。輪が手首の肌に食い込むので不快だった。腕は血液がうまく循環していないかのように重く、しびれた感じがする。授業、食事、尋問が再開された。今日はヌールグル、グルミラ、マイヌールが呼びだされた。私の裁判の日は事前に知らせないでくれますよう、ただ、その当日に迎えに来てくれますように、と私は願っていた。自分の番がいつ来るのか知りたくなかった。「怖がることはない。裁判はたんに形式的なものだから」と教官たちは私たちに言った。「幸せだと思え。収容所にいるということは、刑務所に行かないですんだということだ」。怖がることはないと言われれば言われるほど、私は恐れおののいた。ほんとうに恐ろしかった。

# 第15章

二〇一八年一一月二三日

今朝、警官たちが授業中の教室にいきなり入ってきた。「九番か？　おまえの番だ！」私はふるえが止まらないまま、彼らのあとをついていった。廊下、セキュリティーゲート、別の廊下、階段を通っていく。この収容所がいかに広いかをあらためて実感させられる。ゲートに来るたび、監視員が暗証番号を指ですばやく押し、それぞれのゲートの横にある画面にバッジをぐっと突き出す。ピッという音とロックが解除される音に続いて、私たちの小さなグループは建物の外に出た。外の空気を吸うのはこれが初めてだった。空気は冷たく、凍てついている。頭がくらくらするほどだった。

私は無邪気にも、カラマイ裁判所に行くものだと思っていた。ところが「裁判所」は、収容所の並びにある大きな長方形の建物だった。数分歩いたので、あたりのようすをいくつか目におさめるだけの時間があった。よじ登れば皮がむけ、感電さえしそうな鉄条網の張りめぐらされた壁、いくつもの監視塔、手入れの行きとどいた芝生……。

「待合室」では、おびえた顔をした若い女性三人が黙ったまま待っていた。私の担当者はミフライではなくなり、モンゴル系の女性になっていたが、その新しい担当者も私を待っていた。彼女を横目でじっと見たが、彼女は私に視線を返さなかった。そのとき、根拠のない希望が私のなかにめばえた。彼女は裁判官の前で私を弁護してくれるかもしれない。私がよい成績をとっていたことや、従順なふるまいをしていたことを伝えてくれるかもしれない。

私はほかの被告人たちと並んでソファーにすわった。誰かが私に水の入ったコップを差しだした。からからに渇いた口のなかをうるおすと、考える間もなく、警備員に肩をつかまれて廊下に押し出された。三人の女性が私の前を歩いた。担当者たちがあとに続く。数分後、手錠をかけられた私たちは黒い長椅子に腰を下ろした。私たちの後ろには、教官と傍聴人がすわっていた。涙ぐんだ妹の目が私の目と合った。マディーナだった。妹が来ることは収容所側から知らされていた。彼女はウルムチからはるばるやってきて、悲しそうに私を見た。収容者用の汚れたつなぎを着た、老けこんで体調の悪そうなこの私を。このような状況に情けなさを感じるあまり、私は妹にほほえみかけることができなかった。唇がゆがみ、変なしかめ面になってしまう。彼女も同じだった。私は裁判官のほうに向き直った。裁判官は最初の女性の名前と略歴を読み上げると、彼女に立ち上がるようながした。咳ばらい、椅子を引く音、裁判官が被告人のファイルをめくる音が聞こえた。裁判のはじまりだった。

自分の番が最後であることの難点は、ここで人生が終わるという確信がゆっくりと自分のなかでこみ上げてくることだ。私はどこかの収容所で死ぬ運命にある――それは確実だった。だから私は自分の前の人たちの判決を一切耳に入れようとしなかった。被告人たちがなげく声、口ごもりながらも説明しようとする声、ふつうの女性たちのふつうの生活をずたずたにする裁判官の厳しい口調が聞こえた。ところが、それらの声が私の頭のなかでひびいても、何を言っているのかまでは私の心が聞くことを拒否し、理解することができなかった。私の体は内側も外側もふるえていた。最初のふたりが無罪で、三人目が三年の再教育を言い渡されたことは覚えている。そして、演劇の舞台と同じように、自分のせりふの直前のせりふを聞いて緊張が消えていった。とうとう自分の出番が来たこと、自分がスポットライトを浴びる番だということ、それをじゃまするものは何もないということがわかったからだ。それで名前を呼ばれたとき、舞台に上がった俳優のように不安が消えてしまった。何も感じなかった。そう、もう何も感じなかったのだ。私の体は、裁判官が放つすべての銃弾をはね返す頑丈で硬い木の板になった。

「被告人、グルバハール・ハイティワジ、五十二歳。一九六六年一二月二四日、グルジャで誕生。二〇〇六年、新疆を離れフランスへ移住。一九九〇年六月一一日にケリム・ハイティワジと結婚。ケリム・ハイティワジはフランスで政治難民として暮らしており、分離主義・テロ組織であるフランスウイグル協会の活動に参加。グルバハール・ハイティワジは二〇〇六年にケリム・ハイティワジと共同所有していたカラマイの住宅を売却。同年、彼女はケリム・ハイティワジ、グルフマール・ハイティワジ、グルニガール・ハイティワジならびに本人、計四名の《戸口》[1]を削除した」

裁判官は咳ばらいをすると、私に立ち上がるように合図した。私は言われたとおりに立ち上がった。もうふるえは止まっていた。「グルバハール・ハイティワジ、この写真のなかにあなたの娘がいるのを認めますか?」と裁判官は言うと、グルフマールがトロカデロ広場の前で水色の旗をふっている写真を傍聴人たちに向かって掲げた。その声は法廷にひびきわたった。法廷は広い部屋で、床はタイル張り、プラスチック製の黒い長椅子と裁判官の法壇がある。その壇上から、裁判官と別のふたりの男性が私を見下ろしていた。裁判官は私が想像していたような法服を着ておらず、制服、それも軍人が着るような灰色の戦闘服を着ていた。私は大きな声ではっきりと答えた。「はい、私の娘です」。すると三人の裁判官のなかのひとりがこう言った。「グルバハール・ハイティワジ、あなたの行動を見るかぎり、あなたは自分の国に対してほとんど敬意を持っていないように思える」

私はなんと答えればいいのかわからなかった。その裁判官の声は仰々しく耳ざわりだった。のどがしめつけられるような感じがして、私はうなだれた。私の後ろの席では妹が嗚咽をこらえていた。そこで私はふり返り、おとなしくするように言った。

「あなた彼女に黙りなさいって言ったの?」と、後日、この話を私から聞いた仲間が思わず言った。

「そうよ。泣き声を聞くなんて耐えられない。あのままにしていたら私も泣きくずれていたわ。裁かれているのは彼女じゃない。妹か私のどちらかが泣くことになるなら、それは私のほうでしょう?」

こうした流れのなかに裁判らしさは何もなかった。裁判は本来、警察署の取調室のような部屋ではなく、法廷にふさわしい部屋で行われるものだ。裁判官らしい裁判官がいるものだし、服装も、私の目の前にいる小男が着ているような軍服ではありえない。傍聴席の長椅子は、家族、友人、親戚といった被告人にとって近しい関係、あるいは遠縁の人たちで埋められていて、その人たちを柵のこちら側に呼んで証言してもらうもののはずだ。ここでは黒いプラスチック製の長椅子はほとんど空いており、誰かしら第三者に発言してもらう証言台もなかった。妹は隅のほうで鼻をかんでいた。その聞き苦しい音を立てたとき以外は、判決が下された直後に判事と中国共産党に対して、「姉に悔いあらためる機会を与えてくださいました」という感謝の言葉しか、彼女の口からは聞こえてこなかった。もちろん、誰かがそう言うようにあらかじめ指示していたのだろう。男が、カメラを持ってこっそりと法廷を撮影していた。

通常の裁判では、被告人のかたわらには弁護士がいるものだ。そして裁判官と被告人のあいだに立って弁護を行う。弁護士は被告人に向けて放たれる司法の矢に対する盾のはずだ。私の隣りには、こわばった顔をしたまま、口をかたく結んだ担当者《チューター》しかいなかった。私の公判にかかった九分間、彼女は一言もしゃべらなかった。そもそもほんとうの裁判では、被告人らしい被告人がいるものだ。つまり裁かれて有罪になるような行為をした人間が。けれども私は無実だ。

この裁判は裁判などではなかったけれど、出席者全員が裁判に臨んでいるふりをしていた。裁判官役の警察官、その左右にすわる手下の者たち（彼らも制服警官だ）、傲慢にも弁護士になったつもりなのか、裁判官が発言すると眉を上げ、「依頼人」の不安げな表情に対してうわべだけの笑みで応じる担当者たち。そして私たち四人の被告人は、法律にもとづかない不条理な司法制度の罠にはめられたのだった。そこには正義など存在しない。私たちの行動が裁かれるのではなく、私たちがウイグル人であるがゆえに有罪宣告が言いわたされる。

ケリムのフランスでの活動やグルフマールの写真よりも、裁判官は私の書類のある一点にこだわっていた。戸口簿から削除された「戸口」[2]とカラマイの住宅の売却の件だ。「なぜあなたは、娘たちと夫と自分の名前を削除したのですか？」「すでに申し上げたとおり、私たちは夫が向こうで仕事を見つけたのでフランスに行ったんです。私が削除したのは四人分ではなく三人分、つまり夫と娘たちの分です。たしかに、私の夫は政治難民としての在留資格をとりました[3]」。この二年ものあいだ、私がおもに受けた非難であった、なぜ私たちが外国に出ていったのかという質問をする代わりに、裁判官は住宅のことをつつきだした。

「あなたが二〇〇六年に売却したというのは、間違いないですか？」

「いいえ、二〇一〇年です。当時すでに私たちはフランスで暮らしていました」

奇妙なことが起きていた。裁判官が同じ質問をくり返すのだ。まるで私の説明が理解できないかのように。あるいは私の裁判での貴重な時間を、手続き上のミスを訂正するのに使いたいかのように。

いまならば確信を持って言える。あれは私が服すことになる刑がすでに決まっていたからだ。

ここで裁かれるウイグル人女性はみな外国、とくにヨーロッパとのつながりを持っていた。亡命している兄弟姉妹、あるいは子どものひとりと電話でやりとりしていた人もいれば、そうした家族に送金していた人もいた。といっても、実際に外国に亡命することを選んだのは私だけだった。私の前に裁かれた女性は三年の再教育を宣告された。

裁判官はまだ同じ問題にこだわっていた。

「削除した戸口は三人分、それとも四人分ですか？　住宅は二〇〇六年に売却したのですか？」

「すでに申し上げたとおり、三人分の戸口です。娘たちと夫の分です。夫だけが政治難民の在留資格を得ました。私は帰化を申請していません。それから住宅ですが、売却したのは二〇一〇年です」

私が何を言ったところで、この偽りの裁判の結果は変わらなかっただろう。質疑応答は、相変わらず手続き上のつまらない問題を引きずっていた。そして裁判官は、私に一分間で「反省」の弁を述べさせた。妹は泣きじゃくるのをやめ、静まりかえった法廷に私の言葉だけがひびいた。それが偽善的な発言だったことは正直に言わなくてはならない。心の奥底では、反抗的な自分が叫び声をあげていた。けれども表向きは、嘘だろうとこの場をしのぎ、悔いあらためているように見せかけるしかなかった。

私は話しはじめた。「私はいくつか事務的なミスをおかしましたが、それは法律をよく知らなかったからです。このようなミスをくり返さないとお約束します。フランスに十年暮らしていたとしても、中国を愛することをやめたことは一度もありません。だからこそ、帰化を申請しなかったのです。私はこの先も心の底から中国を愛しつづけるでしょう」

「そうできるようになることを願うばかりだ」と裁判官の左側にいた男が言った。判決が下された。私は運がよいと思わなければならないこと、私の罪は刑務所行きに値するが、新疆の司法は寛大にももっとよい場所、つまり私が刑期中、恵まれた条件で学習し、生活することができる学校へ私を送ることにしたことが告げられた。刑期も最後までつとめなくてすむかもしれず、それは私次第、私の行い次第であり、どのように内省するか、いかに意欲的に罪をつぐなおうとするかにかかっている、と念を押された。けれども私はもう話を聞いていなかった。耳鳴りがして、なにもかもがゆらいで見えた。七年……もはや七年という言葉しか頭に残っていなかった。

裁判は終わり、夜になった。私は新しい、といっても場所が変わっただけの（前にいたところの隣りの建物にある）居室に入ることになり、そのなかで私と同様に判決を下された女性たちが、身を寄せあいながら私の裁判の話に耳を傾けた。法廷から戻ると、ふたりの監視員が廊下に面した大きなガラス窓がある部屋で私を待たせた。部屋の並びには食堂があり、私がこれからの七年間の生活を想像しようとしていたところに、廊下からキュッキュッと上履きが音をたてるのが聞こえてきた。

大きな窓の前で、女性たちがそろって一列に並んでいた。ヌールグル、グルミラ、マイヌールもいた。数日前に裁判のために連れていかれて、それ以来私が姿を見ていなかった女性たちだった。

私たちはすでに裁きを受けた女性用の収容棟にいた。女性たちはすぐにでも話を聞きたそうに、不安げな目で私に訴えかけていた。「どれぐらいの期間なの？　裁判で何年と言われたの？」彼女たちの唇からそう読みとった私は、指を使って七という数字を示した。「七年ですって？」「そうよ、七年！」彼女たちはそんなに多いはずはないと思ったようだったが、私は同じ手ぶりをくり返した。笑いが起きた。あまりにもひどいことが起きているときには、何を考え、何を感じればいいのかわからなくなるものだ。そんなとき、何もなかったところに空気が吹き込まれて火がつくように、笑いが湧きおこるのだ。

# 第16章

**二〇一九年二月一九日、パリ**

明確で熱のこもった口調、真剣そのもので落ち着いた表情——その日の夜、娘のグルフマールは金髪の女性ジャーナリストと向き合ってすわっていた。その黒いセーター姿と疲れでやつれた表情は、喪に服しているようにも見えたことだろう。グルフマールは《フランス24》のニュースのゲストに呼ばれていた。二〇一九年の冬の終わり、パリは突き刺すような寒気に包まれていた。フランス人が《黄色いベスト運動》の影響について思いをめぐらしているあいだに、娘は自分の闘いの決定的な段階に入っていた。

グルフマールは顔を隠すことなく、中国に対して単刀直入に語りかけた。「私は無実の女性である私の母、グルバハールの解放を求めます」。ヨーロッパのウイグル人コミュニティのなかで初めての行動であり、中国に放った爆弾発言だった。セットを囲むように置かれた背後の巨大なスクリーンには、ヴェルサイユ宮殿の鏡の回廊で、シュノンソー城の堀の前で、ディズニーランドのアトラクションの入口で撮った両親と妹の顔が映し出されている。そして二〇一六年の彼女自身の結婚式の写真も。はるか昔のことのように思える写真だ。記念写真が次々に映し出されるあいだ、グルフマールは私が中国の体制によってどのように罠にはめられたのかを次のように説明した。

二年ほど前、私の母親は、新疆のカラマイに数週間の旅行に発ったあと姿を消した。それ以来、生きていることを伝えるメッセージも写真も送られてこない。父親も妹も不安のなかで暮らしている。それから数カ月間は、アルタイやグルジャにいる親戚、ウルムチやカラマイにいる友人たちに問い合わせたが、ささいな情報ひとつ得られなかった。一度電話に出てくれた人たちも、その後二度と電話をかけ直してくることがなかった……。

ニュース番組への出演と並行して、グルフマールはフランスの関係機関に通報した。在北京フランス領事館は手探りで調査を始めた。新疆は外国の代表団が長い交渉を経てやっと行くことができるかできないかの、まさしく真の閉鎖空間であり、交渉はこれまでことごとく実っていなかった。グルフマールは北京領事館副領事と長期にわたって電子メールでやりとりしたものの、なんの成果も得られなかった。そこで、私の事案は北京の領事館からパリの外務省の手に移った。ここでもまた、成果はなかった。

私は実際に失踪状態にあり、フランス側の誰ひとりとして、中国の警察がどこに私を拘留しているのか特定することができなかった。家族は、私が意志に反して新疆にとどめ置かれていると確信していた。私は十三年前に新疆を離れ、フランスに政治亡命した男性と結婚しているので、事実上、中国共産党にとってまたとない標的だった。水面下で動いている外務省の担当グループは、フランスにいる私の家族に助言や励ましを与えてきたが、有力な手がかりはひとつも得られないままだった。そのようななかでようやく、二〇一七年六月にカラマイの隣人がグルフマールからの電話に出て「あなたのお母さんは学校にいて、無事よ」と教えてくれた。

悪い予感が当たったのである。いまや私が「再教育」を受けていることは明らかだった。これらの「学校」あるいは「職業教育訓練センター」は、実際のところ砂漠に建てられた収容所だ。NGOによれば[1]、一〇〇万人以上のウイグル人がこうした「再教育収容所」に監禁されている可能性があるという。

ヨーロッパやアメリカでは在外ウイグル人を代表する組織が、これは民族的・文化的なジェノサイドだと声を上げている。これらの組織はくり返しデモを行って、中国政府によるウイグル人への弾圧を糾弾しているが、それも裏づけとなる証拠があるからだ。在外ウイグル人によって蓄積された情報のインターネット・データベースである《新疆被害者データベース[2]》には、収容所に入れられた人々の一覧が掲載されている。

「アリム・スレイマン（四〇一四番）、三十三歳、男性。職業：医師、逮捕：二〇一七年、判決：十年、判決理由：外国に居住したため」「シャディエ・ザキール（一五九七番）、五十七歳、女性。職業：技師、逮捕：二〇一八年、判決：七年、判決理由：外国に居住したため」「ミネウェル・トゥルスン（一六〇一番）、四十三歳、女性。職業：主婦、逮捕：二〇一七年、判決：情報なし、判決理由：外国にいる人々と連絡をとったため」「コナイ・カシムハーン（二四四四番）、四十一歳、男性。職業：情報なし、逮捕：二〇一八年、判決：十四年、判決理由：宗教」……。

こうした収容所には数十万人のウイグル人が拘留されている。だが、中国の「ネット版万里の長城」によって、新疆ウイグル自治区の位置情報はアクセスを遮断されているので、そうした収容所の正確な位置を特定することはできない。海外に亡命したごくわずかの生存者の証言によって、収容所の存在が確認されているのだ。こっそり撮影され公開された写真には、青いつなぎを着た丸刈りにされた収容者たちが砂漠の真ん中で列をなしてすわっているようすが写っている。

私の窮状を説明するために、グルフマールはアメリカとトルコで難民として暮らすふたりの生存者の話にもふれた。それらの話はとても信じられないものであった。同室のほかの四十名の女性たちとともに、交代で寝ずの番をしているというものである。食事には味がなく、謎の薬によってしだいに記憶が失われ、懸念が生じるほどの無気力状態におちいってしまう。女性たちは月経を失うと同時に時間の感覚も失ってしまう。さらには電極がついたヘルメットをかぶせられて、電気ショックを与えられることもあるという。

だが、その夜、《フランス24》のスタジオで、グルフマールが語らなかったことがあった。ブーローニュの自宅のすさんだ状態だ。かつてはきれいに保たれていた居間の書棚の本にはほこりが分厚くかぶっていた。ケリムはタブレット端末でいらいらしながら新疆のニュースを指でスクロールするとき以外は、居間をぐるぐると歩きまわっている。煙草を何本も吸いつづける。放置されたプランターの横に置いてある灰皿には《ウインストン》の吸い殻がたまる一方だった。グルニガールは自室に引きこもり、スマートフォンに見入っているとき以外は枕に顔をうずめていた。

私の失踪以来、長女のグルフマールが家事をやっていた。週三回、仕事帰りに立ち寄り、食事のメニューを考え、冷蔵庫に食事を詰め、使われていない家具にはたきをかけてきれいにした。明かりのついていない放置された部屋のドアを開ける気力が起きないこともたびたびだった。グルフマールの乱れた心を映しだすかのように実家の散らかりぶりはひどく、夜、くたくたになりながら自分の夫カイセルと暮らしているナンテールの住まいに帰ってくると、感情を抑えきれなくなった。心の痛みをぶちまけ、涙にぬれた顔のまま眠りに落ちてしまう。それでも朝になると、怒りで目が覚めた。彼女のアルタイ出身の祖母が言っていたように、その怒りはカザフ人としての出自に由来するものだった。この「気が強い」グルフマールの性格は、私もよくわかっていた。

二〇一九年二月末、《フランス24》に出演したグルフマールの告発は、一般大衆にはほとんど気づかれずに終わった。しかしながら、とくに学生を中心とした、これまで目立たなかったフランスのウイグル人コミュニティには、文字どおりの衝撃を引き起こした。フランスに住むウイグル人は、なかば恐怖を感じながらも、ＳＮＳで次々にその動画をシェアした。グルフマールは彼らに新鮮な空気を送りこんだのだった。というのも、数カ月前から彼らは、中国の知らない番号から電話がかかってきたりショートメッセージを受信したりしていたからだ。メッセージは新疆の警察署からだった。情報機関が口述したものを、新疆当局の職員たちが送信していた。職員たちは外国へ移住したウイグル人を調査し、スパイする役目を担っており、そうした「裏切り者」を帰国させて、私と同じ運命をたどらせようとしていた。

　当局による在仏ウイグル人に対する要求はくり返され、ますます高圧的で具体的になっていった。賃貸契約書や在学証明書、卒業証書といったコピーを送るように求められた。ひとたび学生が罠にかかると、電話の向こうの正体不明の相手はしたたかになり、任務を押しつけてくる。学生たちはフランスウイグル協会[3]のイベントに参加し、その内容を報告するよう命令される。あるいはウイグル人コミュニティの影響力のある活動家に近づくよう命じられることもある。つまり、経済的に不安定な状態にある学生たちのうち、とくに従順な学生が、援助の見返りとして中国のためにスパイ行為をしてしまうのだ。在仏中国大使館は「外国にいる少数民族を重視する」という名目で奨学金を出している。とはいえ、在外ウイグル人のなかでそれを額面どおりに受けとる者はいない。奨学金を支給される者たちは落ち着いていられない。奨学金は警戒を要するものなのだ。

　もし学生が拒否したらどうなるのだろうか？　中国の情報機関は、新疆の彼らの家族が監視下にあるという、ゆるぎない事実を突きつけるのだ。謎の番号からのショートメッセージに何日も答えずにいると、身内のひとりから新たにメッセージが送られてくる。「お願いだから彼らの言うとおりにして」と。まるで身内からの最後の願いであるかのようなこのメッセージは、ほとんどの場合、期待どおりの効果を発揮する。学生たちはしたがい、こっそりと情報を提供する。

中国大使館は数カ月前から、まったく動じない在外ウイグル人を服従させるのを目的とした新たな対策を着々と講じはじめていた。パスポートの更新を申請しても、納得できるような理由なしに拒否されるようになった。「あなたは新疆出身だから、新しいパスポートの発給はできません。新疆に帰って手続きをしなさい。これは命令です」とパリの大使館の窓口で突っぱねられてしまう。パスポートがなければ、フランスで勉強を続けるために必要な滞在許可証をとることができなくなる。在外ウイグル人学生のすぐ目の前に、危険が迫っているのである。不法滞在へと追い込むことによって、大使館は彼らを新疆に帰らせようとしている。だが、学生たちは誰ひとりとしてその手には乗らない。向こうに帰ったら最後、収容所に入れられるに決まっているからだ。

あの晩、誰が友人で誰がスパイなのかわからない不信感に包まれたなかで、グルフマールの言葉は、フランスで中国政府から目をつけられているウイグル人の救いとなった。メディアに匿名で恐怖を語るすべての学生たちが、彼女の言葉から勇気を得た。私の娘は、《フランス24》の収録を終えたときに、自分が中国政府の反感を引き起こしたことに気づいていなかった。顔を出したまま、中国の非人道的な扱いを糾弾したのだ。彼女は、間接的な被害者として新疆での弾圧計画の実態を訴えた最初の人となった。あえておかしたリスクと同じぐらい、この出演がもたらした影響はとてつもなく大きかった。舞台裏では、フランス外務省が反論を待ち受けることになった。習近平とエマニュエル・マクロンの会談がフランスのパリで翌月に予定されていた。(4) この会談は決定的な役割を果たすことになる。

# 第17章

## 二〇一九年三月三日、カラマイ

ここであと七年過ごすことになる――耐えられない思いに折り合いをつけられなくても、自分の意志に関係なく進んでいくこの生活に身をまかせるよりほかなかった。朝も夜も悲しみも希望もない、判で押したような日々が続いていく。月曜日も火曜日も金曜日もない。昼食と夕食の区別もない。きょう受けた授業がこれまで受けた授業とちがうこともなかった。そう、ひたすら空虚な毎日だけ。教官がひたすらくり返すプロパガンダを聞き、監視員の怒声を聞き、食堂で仲間が食事する音を聞くという毎日だ。自分の誕生日である一二月二四日が近づいていたころも、うれしさとはほど遠い状態だったが、母と妹が来てくれるという思いで心をなぐさめていた。そのために、面会室での一時間を交渉して勝ちとっていたのだ。同時に、誕生日を祝ったところでどうなるものでもない、とも思っていた。自分が生まれた日というのは、多くの喜びに満ちた伝統が結びつけられているものだ。けれども、人間性がまったく欠落した環境で暮らしているのに、その日を祝うことに意味なんて見いだせなかった。

私はここで死ぬにまかせようと思っていた。ずっと前からそんなふうに思っていたが、判決はその気持ちにさらに拍車をかけた。そんなとき、不安と希望のあいだで振りまわされるような出来事が起こった。

一二月二三日のことだ。母と妹が来る予定の前日だった。私たち収容者はすでに夕食も宿題も終えていた。ふたりが来る前の準備として、やせていようと元気で、疲れていようと気丈で、悲しんでいようと勇気がある姿を見てもらいたいと思った私は、居室の洗面台で髪の毛を洗った。ぬれた髪のまま、藁の寝床の上で考え事をしていたとき、突然ドアが開いた。こんな遅い時間にはけっして起こらないことだ。監視員が入ってきて、私についてくるように言った。古いトランシーバーから声がひびいた。数人の仲間が寝床の上で上半身を起こした。監視員は標準中国語の命令を聞きながらいらだっているようだった。私が動かず、ぼうっとしていて、髪はぬれたままで、命令への反応が鈍いように見えたからだろう。監視員は早く用をすませて、静かな夜のひとときを取り戻したいようだった。「私をどこに連れていくのですか?」「荷物をまとめたら行くぞ。おまえは数日後にここに戻ってくる」。私には、まとめる荷物なんてないに等しかった。同室の仲間が差しだした上着をつかむと、監視員のあとをついていった。

外は肌を突き刺す寒さに包まれていた。私たちは雪のなかを走りはじめた。吐く息が暗闇のなかで小さな白い雲をつくっている。やがて、一一月に私が裁かれた場所である建物の前に着いた。私たちは入口の前で数分待ったが、その数分が永遠に続くように思われた。監視員のトランシーバーから男の話す声が聞こえてきたが、よくわからない指示に延々と振りまわされるのにうんざりした私は、いま到着したと話す監視員の声に割りこんだ。「どこに連れていくおつもりなのかわかりませんが、あした私は訪問を受ける予定なんです。母と妹が誕生日を祝ってくれるんです。ふたりはもうカラマイの街に到着しています。訪問が終わったら、どこにでもお望みの場所に連れていってください。お願いですから、このままふたりに会わせてください」。少し驚いたのか、トランシーバーの向こうの男は一瞬黙り、それからどなりはじめた。何を言っているのか私にはわからない。「ダメだとさ」。監視員が私に言った。それから別の男たちがやってきた。私は両手首に手錠をかけられ、それから両足首にも足かせをはめられた。金属の耐えられないあのひどい感触が肌に伝わったそのとき、手がのびてきて、ばさっと私の頭に頭巾をかぶせた。ここでもふたたび、鎖と完全な闇によって、どこかに移送されるのだとわかった。私たちを待っているらしい車からエンジンの音が聞こえ、続いてスライドドアを開ける音がした。車のシートにすわると、調子の悪そうなヒーターから鼻をつくにおいがした。

車は夜のなかを進んでいった。あのとき、雪におおわれた砂漠の真ん中で車から降ろされ、銃で撃ち殺されることになったとしても、私は何も感じなかっただろう。私をじわじわと殺すために労力を費やす必要はない。私はもう精神的に死んでいるのだから。

彼らは私を留置場に連れてきた。二〇一七年に私が入れられた留置場ではなく、別の、もっと大きな、そしてもっと暴力的な警官たちのいるところだった。私がいやというほど知りすぎている収容者の必需品一式（歯ブラシ、黒い上履き、カーキ色のタイツ、オレンジ色のつなぎ）を差しだされてまもなく、私はぼさぼさの頭にバリカンをあてられた。長さのそろわない黒髪のかたまりが、肩の上に落ちた。

「こんなことをする必要があるのですか？」

「つべこべ言うと丸刈りにするぞ」とふたりのうちの片方が言った。

女性のほうの監視員は、一歩下がって私の頭をながめた。「すてきじゃない！　ほんとにすてきなヘアスタイルだわ！」その場にいたみなは、あたかもそれが冗談、子どもの冗談であるかのように笑った。嘲笑の的になった私は、ごくつまらないことに腹を立てているかのようにあしらわれた。

「これは何？」女性監視員が当惑したようすで私の腕の電子ブレスレットを指さした。当の私はそんなものをつけていたことをすっかり忘れていた。「とってやるよ」と男性の監視員が言って何度もはずそうとしたが、お手上げだった。そのいまいましいブレスレットは、まるで収容所が私を一生監視するかのようにはずれなかった。「学校に連れ戻してはずしてもらおう」と女性監視員が言いだした。

いまさら収容所に戻りたくはなかった。いま戻ったらそれきり出てこられないような気がする。

「いえ、それなら私が自分でとります！」私は指を内側に折りたたむようにして、ありったけの力でブレスレットを引っぱった。手のあちこちが赤くなった。ここでできなかったら、ブレスレットをはずすために収容所に戻るしかなくなる。顔をしかめながら、さらに力をいれてブレスレットを引っぱった。ようやく指のところまでずるずると引っぱると、私はほっとして、ブレスレットを女性監視員に渡した。

こうして私は、三十人の女性たちがたがいにひしめきあいながら、ともに息を吸い、眠り、食べて、泣いている、留置場の冷たい病んだ空気のなかに戻ってきた。初めて拘束されたころのトラウマがよみがえるような、このなじみのある環境のなかで、私は見覚えのある顔を見つけてひどく驚いた。アルミラだった。

アルミラは五十五歳で、背が高く、りっぱな体格をしていた。彼女に話しかけられると、その瞬間から、その明るさにこちらがぱっと照らされてしまうような、そんな女性だ。近づいてくる彼女を見て、私はびっくりした。彼女も髪を刈られ、しかもかなりやせてしまっている。腰まわりも、お腹も、腕も、肉が落ちてしまったような状態で、体がふらふらしている。脚はいまにもがくんと折れそうだ。すっかり興奮したアルミラは、何年も顔を合わせなかったあとに、こんなみじめな場所で私を見つけたことが信じられないようすだった。「グルバハール！　グルバハール、あなたなの？　どうしたの？　フランスにいるんじゃなかったの？　どうしてこんなところにいるの？　ケリムも捕まってしまったの？」

アルミラは、カラマイの中学校でグルフマールに国語を教えていた教師だ。昨年の一〇月、党中央規律委員会から人がやってきて、彼女を尋問した。なんでも、中学校で漢人の生徒とウイグル人の生徒とのあいだで乱闘が起きたという。そんな乱闘があったという話は聞いたことがないと答えると、警察署に連行された。取り調べ中、警官は、彼女がウイグル語での教育を優先し、いまや規則となっている中国語での教育を行わなかったと言って非難した。アルミラはなぜそんなことを言われるのかがわからなかった。そもそも自分は、生徒同士の乱闘について話すために警察署に連れてこられたのではないか。でも、どうやらそうではないらしい。警官たちが関心を持っていたのは、彼女の職務、授業の内容、政治的意見、信仰についてだった。自分はただの国語教師にすぎないといくら主張しても聞き入れられなかった。警官たちはアルミラを取り囲んでどなりながら、おまえは授業で分離主義を支持した、と言った。そうこうするうちに、警官たちは彼女を殴りはじめた。彼女が殴られるときはつねに医師が立ち会い、「ちょっとやりすぎた」せいで彼女が気を失うと、警官たちは殴打をやめ、医師が介入して手当てする。そしてまた殴りはじめる。アルミラは何も自白しなかった。自白するようなことがなかったからだ。ところが二週間後、彼女はここに移送された。三カ月前のことだった。

気の毒なアルミラの話はその後も私の頭によみがえった。次いで、カラマイでのもうひとりの旧友であるザヒーダにも会った。彼女も拘留生活のせいで、見る影もなかった。ザヒーダは私から数床はさんだ向こうのベッドに寝ていた。居室で要領をえない話をいく日かくり返したあとに、ようやく何をされたのかを私に話してくれた。その話を聞いた私は、洗脳によって刃物のように研ぎ澄まされた警官たちには、私たちに対してひとかけらの哀れみもないことを実感した。必要とあらば、私たちを血の海のなかに引きずり込み、私たちが正気をたもてなくなるまで弾圧するつもりなのだ。

私たちがカラマイに住んでいたころ、ザヒーダの息子ドルクンはグルフマールと同じクラスだった。いつもごきげんで、人好きのする、落ち着いておだやかなこの少年のことを、グルフマールは好ましく思っていたが、私たちが新疆を離れたときから、ふたりはおたがい疎遠になっていた。ドルクンは母親によく似ていた。そう私が思うのは、寡婦だったザヒーダのことを以前からよく知っていたからかもしれない。ザヒーダの夫は若くして亡くなった。その死は家族に癒やしようのない悲しみを与えたうえに、金銭的な問題を次々と引き起こしたため、隣人である私たちはなんとか力になろうとしていた。けれどもザヒーダは、自分ひとりの収入で子どもふたりを育てるのに苦労しても、不満を言うことはなかった。小柄で本当に華奢《きゃしゃ》な女性だったが、あふれるほどのやさしさと勇気の持ち主だった。

二〇一七年五月のある朝、警官たちが彼女の家までやってきて逮捕した理由についても、ザヒーダは話のなかでふれもしなかった。そもそも警察にしてみれば、逮捕するのに理由など必要ない。警察署のなかで彼女の書類を読むときになって、適当に作り上げるのだろう。ザヒーダが警官について行ったとき、彼女は何もおかしいとは思わなかった。おそらく、何リットルものお茶を飲みつくして数時間の事情聴取でも受ければ、日暮れ頃には警察署から出られるぐらいに思っていたはずだ。ところが今回、警官たちが求めていたのはザヒーダが自白調書に署名することだった。彼女がうんざりしながら何もしていないと説明しているのに、その目の前で一枚の紙をちらつかせ、彼女がにぎろうとしないペンをにぎらせようとする。彼女は自分が何もしていないことを説明しつづけ、人違いとしか考えられないと主張した。ザヒーダは頑固だったが、警官もそうだった。それで彼女は留置場に送られた。毎日、警官は書類を手にゆずらず、彼女は彼女で署名するのを拒否していた。どれぐらいそれが続いたのかは知るよしもないが、ある朝ザヒーダは、取調室で自分の無実を訴えていたとき、叫び声を聞いた。最初はくぐもった悲鳴だった。耳をすますと、その声はどんどん大きくなった。すぐ隣りの部屋で誰かが拷問されているのだ。こんなうめき声を上げるなんて、どんな苦痛を加えられているのだろうか。想像できないほどの苦痛にちがいない。ともかくこんなことはやめさせるべきだ。「やめて！　やめてください！」ザヒーダは自分を平然と見つめている警官たちに向かって叫んだ。そのとき彼女は、苦しみうめく声の主が誰なのかに気づいた。ドルクンだ。あれは息子の声だ。拷問を受けているのは自分の息子なのだ。彼女の前の机には、署名を待つ自白調書が置いてあった。ふるえが止まらないまま、ザヒーダは指示にしたがった。書類にサインすると、うめき声はしだいに消えていった。こうして彼女は、裁判の結果、刑務所に十五年服役することになった。以来、刑務所への移送を待ちながら、この留置場で抜け殻のように生きている。かれこれ二年になるという。ドルクンがどうなったかは何も知らされていない。あの隣りの部屋で死んでしまったのか、自分と同じように有罪宣告を受けて拘束されているのかわからないという。

そして私の場合、この二年間自分の身に何が起きただろう？　私の苦しみはアルミラの苦しみに匹敵するといえるだろうか？　ザヒーダの苦しみには？　いや、匹敵するとはいえない。たしかに私はひどい扱いを受けた。暴力もふるわれた。警官も監視員も教官もあらゆる脅迫のテクニックを使い、彼女たちと同様に存在しない罪を自白させようとした。それでも、いくつかの平手打ちや処罰をのぞけば、やはりアルミラがされたように私を殴った人は誰もいなかったと断言できる。あのけだもののような輩たちがザヒーダにしたように、私の子どもを拷問するような者はいなかった。彼女たちと同じように再教育という大計画の犠牲者であるとはいえ、私は特殊な層、つまり亡命者という層に属する囚人なのだ。そこで、それが意味するものを考えてみたところ、私が予想できたのはふたつの両極端な未来だった。ひとつはそれが私にとって有利に働いて、(家族がフランスから私の釈放を交渉できれば)この悪夢から抜け出すことができること。もうひとつは、(中国当局の目には、私は新疆を捨ててフランスを選んだというとり返しのつかない罪を犯したと映っているので)さらに深い奈落の底に突き落とされて恐ろしい運命が待ち受けていること(しかも、私は七年間の再教育という判決を受けたあと、数週間で収容所から連れ出された。よい兆候だとはとても言えそうにない)。

アルミラとザヒーダは、新疆の何百万人ものウイグル人に属している。私はウイグル人の政治亡命者としてフランスに帰化した男の、つまりはフランス人の妻だ。この呪われた場所を出てしまえば、彼らは私を新疆にずっと置いておくことはできない。ケリムは私に何度もそれをくり返していた。だから私は、自分の立場を喜ぶ気になどなれず、友人たちの運命を思って悲しくなった。しかも彼女たちの未来は、刑務所だろうと、収容所だろうと、それらの外であろうと、私の目には等しく暗いものにしか映らなかったので、なおさらだった。私にはいつになってもザヒーダのことを考える勇気が起こらない。考えようとするだけでひどい不安に陥ってしまう。彼女はこれから十五年も拘束されるのだ。十五年も! アルミラにしても、この先、人生にどんな展望を持てるというのだろう? 留置場で六カ月、あるいは十カ月送ったのちに、おそらく「学校」で数年を過ごすことになる。そこでのプロパガンダ教育によって、記憶も魂も信仰も消されてしまう。そして最悪の場合は、人間の尊厳を根こそぎ奪うような刑務所に送られる。ザヒーダがされたように。いずれにしてもアルミラは、やっと解放されるころには白髪まじりになり、おもやつれして、年を重ねたせいではなくひどい扱いを受けたせいでやせ細っていることだろう。カラマイの家に戻ったとき、誰が待っているのだろう。彼女の夫、それとも息子？　彼らもいずれは理由をでっち上げられて拘束されてしまうだろう。けれども私の場合、娘も夫も安全な場所にいる。あの三人を私から奪うことはできない。

それからアルミラは、見た目はおだやかな生活を取り戻すだろう。けれども本当のところは地獄のような生活だ。自分の「罪」をつぐない終えたとしても、警官は放免してくれないからだ。警官は予告なしに、彼女の家のドアをノックする。彼女は無遠慮な質問に答え、ひたすら従順さをよそおい、党への忠誠をあらわし、さらには、つかの間の平穏を得るためにウイグルの隣人や知人を密告しなければならなくなるかもしれない。アルミラは一生、牢獄のなかで生きることになる。私の母、兄弟姉妹や彼らの子どもたちのように。ほかのすべてのウイグル人のように。

数週間後、私は三人目の知り合いに出くわした。彼女もウイグル人女性だ。知り合ったのは、私が二〇一七年に過ごした留置場でのことだった。当時、私たちは柵の同じ側にいたわけではない。彼女はその留置場の責任者だった。警察で働いたり、地元の公職に就いたりして自分の身を守ることを選んだ多くのウイグル人と同様に、彼女も収容者に同情を寄せていた。どういうわけか、彼女は私に対して好感を持ったようだった。そして、この留置場で私が彼女にふたたび出くわしたとき、私はにっこりとほほえみかけられ、どうしてここにいるのか聞かれた。まるで偶然、街角で旧知の人に会ったときのような熱心な口調で。話を聞き終わると、彼女は私の事案について調べてみると約束してくれた。数日後、彼女をまた見かけた。そのときの彼女の話からも、私の推測が当たっているのではないかと思えた。今年、つまり二〇一八年の初め、外国に関係のある収容者には別の処遇が始まった。当局は少しずつ、そうした収容者たちを再教育収容所から留置場に移送していった。娘がオランダに住んでいる女性は、私が収容所を離れた三十分後に同じ収容所を出たそうだ。やがて、女性がもうひとりここに来た。その女性には英国在住の兄弟がいたという。そのふたりは私の隣りの居室に入れられていた。

話を聞いてからというもの、私はふたたび頭のなかであれこれと思案した。考えれば考えるほど、いまの私にはこのことが明白のように思えた。娘、息子、いとこ、おば、あるいは私の場合のように家族全員が在外者だという、見えない糸で外国とつながっているウイグル人たちは、新疆当局にとってまさしく頭痛の種になっている。当局は私たちに最大級の刑を用意している。というのも、彼らの目に、私たちは許すことのできない裏切り者と映っているからだ。中国を脱出していなくても、外国と連絡をとったことに変わりはない。私たちは欧米諸国のために働いているスパイとみなされている。その一方で、ヨーロッパにいる私たちの身内は、私たちの解放を勝ちとるために行動を起こしているはずだ。ケリムは、私たちウイグル人が受けてきた差別にかねてから憤りをおぼえている。私が帰ってくるまで彼がソファーにすわったまま何もしないとは想像できない。まだ若いグルニガールはともかくとして、グルフマールにしても絶対にあきらめない性格だから、ぼんやりと無為に過ごしているわけがない。ふたりがずっと前から私のことをフランスの関係機関に知らせているのはまちがいないだろう。となると中国側は、私をなぜ収容しているのか正統な理由を見つけなければならない。けれども彼らは私の落ち度を何も見つけられず、時間かせぎをしている。その証拠に、あの裁判官も、戸口簿やカラマイの住宅の売却にかんする手続きに意味もなくこだわっていたではないか。彼らは私を囚人のままにしておくための理由を探しているのだろう。私の再教育を正当化するために。そうだとすれば、まだ希望はある！　ここで投げやりになってはいけない。私を有罪にする明白な証拠がなく、フランスの関係機関が私の解放に向けて交渉しているとすれば、中国側は私の拘束を断念せざるをえなくなる。まだ希望はあるのだ！

# 第18章

二〇一九年三月一一日

取り調べはチェスのゲームに似ている。かたや警官、かたや囚人、それぞれがポーン、ビショップ、ルーク、クイーン、キングといった駒を持っている。盤の上で相手の駒の動きに合わせて戦略を立て、それに沿って自分も駒を進めていく。たしかに、警察のほうが有利な立場でゲームを始めることになるし、自分の立場ならゲームに勝てると考えているだろう。だが尋問が続くうちに、盤の向こう側にいる囚人は相手の動きを予測するようになる。囚人はコツをつかみ、相手がしかけてくる罠を巧みにかわすようになる。そのようなわけで、私がこのゲームに秀でていたとは言わないまでも、怒りや恐れや絶望を引き起こすことで話をさせようとする警官たちのテクニックがどのようなものであるかは、私にもすっかりわかるようになっていた。彼らは近しい人の顔写真や電話の音声を材料にして、こちらを動揺させようとする。それを前にしても、完全に感情をコントロールしつづけなければならない。少しでも動揺しようものなら、その心の扉のすき間から、彼らが侵入してくるからだ。数百時間におよぶ取り調べのなかで、私は大きな敗北を味わったあと少しずつ小さな勝利もおさめてきたので、一週間前に警察から呼び出されたときも不安にはならなかった。拘留にあたってふつうにくり返される習慣のようなものだ。私は、服従に慣れてしまった囚人にありがちな機械的な従順さで、その命令にしたがった。こうした囚人は、体力を温存し、その体力を重大な状況、つまり生死を分ける機会のためだけに発揮しようとする。取り調べならこれまで何十回も受けてきたし、今回の尋問によって死ぬ運命になることはないだろう。

取調室で私を待っていたのは、これまでの警官たちとは違うタイプの男だった。彼は、取り調べがなかなか進まなくても、すぐに腹を立てたり、脅しや侮辱の言葉を激しく浴びせかけたりはしない。見たところカザフ系のこの男性は、こちらが不安になるほど物静かだった。その冷静でていねいな口調は、彼が重要な案件を扱う立場にあることをあらわしていた。彼は命令を実行する立場ではなく、情報機関の責任者で、タスキンという名前だった。

タスキンは私の資料が入っている分厚く赤いペーパーホルダーに両手を置くと、私の目を見つめた。

「グルバハール・ハイティワジ、あなたの事案について私が耳にするようになってからもう二年になる。そこで私が自ら担当することにした。あなたの親戚に会いにグルジャに行き、恩師たちに会いにウルムチ大学にも行ったよ。この事案を終わらせたいのだ。終わらせなければならない」

ふたりの警官が私の両手首に手錠をかけ、両足首に足かせをはめているあいだに、「そこで、すべてを最初からやり直すことにする」とタスキンは静かな声で続けた。意味がわからなかった。疑問の表情を浮かべた私に、彼はこう説明した。「あなたの事案を最初から、つまり一九八五年からたどり直すのだ」。心臓が止まりそうだった。チェス盤を前にして体がふるえだした。私が向き合った相手は強敵であり、これまで積み上げてきた戦略はまったく役に立たないかもしれないと思い知らされた。

一九八五年といえば、まだ天安門事件は起きていなかったが、中国国内の大学では、すでに学生たちによって変革への欲求が芽生えようとしていた。ウルムチではあらゆる少数民族の学生たちがいっしょになって、民族問題と経済問題の両方を抜本的に解決する改革を要求した。それは一九八九年春に、紫禁城に隣接したあの広場を占拠した北京の学生たちがプラカードを掲げて改革を求めた運動の前兆でもあったのだ。あれは風が強く、寒さの厳しい一二月だった。その冬は大雪だった。カラマイの街の中央広場に集まった、厚着をして希望に胸をふくらませた若いおおぜいの男女のなかに、ケリムと私たちの友人、そして私自身もいた。仲間たちと過ごしたあの時間でおぼえているのは、素朴な幸せから生まれた楽しい雰囲気だ。お金はほとんどなかったが、未来について熱っぽく議論することによって、自分たちが人生を築き上げていく社会がなんらかの形で変化する兆候を見たい、という若い世代ならではの希望を抱くようになっていた。

一種のおめでたさもあったのだろう。私たちは自分たちの平和なデモに政府が耳を傾けてくれると思っていたし、少しずつだろうとみなが願うこの変化が、自分たちの世代には間に合わなくても、子どもの世代には実現するだろうと思っていた。運動は弾圧された。天安門事件のような武力によるものではなかったとはいえ、当時すでに存在していた大学の再教育計画によっておさえ込まれたのだ。一二月以降、役所の人間がやってきて、私たちがしでかしたことがいかに悪いことであるかをくり返した。その当時は、当局が私たちを洗脳しているとはわからなかった。カラマイに移ってからはそのことなど忘れてしまった。おぼえているのは以上のことだけだ……。私は心臓をどきどきさせながら、タスキンにそう話した。彼は厳しい目で私をじっと見つめ、私の話のどこかにすきがあるのではないか、そのすきに割り込むことで私を罠にかけることができるのではないかと探していたようだが、それはうまくいかなかった。

続いて話題は、私たちがフランスへ行ったいきさつ、オフィス街であるラ・デファンス地区の高層ビルのひとつにある騒々しい食堂での私の仕事、私がよく会う人たち（在外ウイグル人の家族）、私の趣味（料理とヨガ）といった私のフランスでの生活へと移った。これまで取り調べを担当してきた警官に何度も説明したことばかりだった。

十時間におよぶ取り調べのあと、その日の終わりには、そのまま居室に戻してもらえた。けれども、そのときから事態は奇妙な形で変わった。翌日もそのまま同じ時間に、私はふたたびタスキンに呼び出された。私の経験からすれば、中国の留置場や再教育収容所では、二日連続で尋問を受けることはけっしてない。そういう場所では、情報を何も与えられないまま、数カ月は放置される。この穴倉で人生を終えてしまうのではないかと想像していると、突然、警官に呼ばれる。そしてその警官は「あなたの家族に会いに行った」と話しはじめる。そして警察署であなたの資料をじっくり調べ、手続きは進んでいて、あなたが完全に改心しさえすればここから出られる、と告げられる。つまり、もうすぐ自由になれると信じ込まされる。こうして収容者はみな、完全には希望を失わない。居室にいるあいだ、もらった情報のかけらにしがみつき、面談が終わってから何カ月もそれでもちこたえる。辛抱強く待っていれば解放してもらえると言われるからだ。そこで収容者は必死に耐えしのぶ。もう少しだけ歯を食いしばるのだ。いや、二日続けて呼び出しがかかるなんてことはありえない。

居室では、私のまわりで女子収容者たちがハチのように群がってあれやこれやと言っていた。アドバイスや意見が飛び交うなかで、私は二度目の呼び出しがよい知らせなのか悪い知らせなのかわからなかった。彼女たちに言わせると、タスキンが私にもう一度会いたがっているということは、私の事案が最終段階に入ったことを意味する。カラマイ警察が私にどんな運命を用意しているのか、近いうちにわかるだろうという。そう考えると、気持ちがたかぶると同時に恐怖もおぼえた。こうして三月五日午前九時、取り調べがまったく同じ形で、つまり一九八五年のデモの話から始まった。どんな友だちがいたか、当時の私がどんな政治的意見を抱くようになったか、どんな学生集会に参加していたか――どれもこれも、彼の質問のすべてが前日とまったく同じものだった。それからまたも話は、ケリムと娘たちとともにフランスへ渡ったときのことになり、食堂での私の仕事、私がよく会う人たち、私の趣味とつづいた。十時間後、私は居室に戻った。のどはカラカラで、全身がしびれていた。その翌日もタスキンはまた私を呼び出した。

取り調べは六日間続いた。私が自分や夫、娘たちの生活を微に入り細をうがってくり返すのにくたびれはてるのを見ながら、彼は優位に立っていった。彼はさりげなく私の話を中断しては、私に自己批判をうながすような指摘を入れた。「おまえのつれあいが入っているのはラビア・カーディルの団体だって知っているだろう？　あの女がテロリストだということも」。五日続けて私は「いいえ、夫もラビア・カーディルもテロリストではありません」、「彼が参加していたフランスウイグル協会は、分離主義ではなくウイグル文化を広めているのです」と言い返した。私もあとに引かなかった。何度も同じ言葉をくり返したが、私が「悪い答え」をするたびにタスキンはまたこう言うのだ。「ラビア・カーディルはテロリストだ」「いいえ、私はちがうと言っています」「『ラビア・カーディルはテロリストです』と私のあとに続けてくり返せ。おまえ、やさしいやり方が好きなようには見えないが、きついやり方に変えたほうがいいのか？」

六日目に私は折れた。タスキンが私にむりやり押しつける嘘のかたまりを信じたからではなく、彼が黙ること、この悪夢のような取り調べが終わることを望んだからだ。私は彼が聞きたがっている言葉を何度も何度もくり返させられた。そして彼は、これでじゅうぶんだと判断すると「よし、準備ができた」と言った。「取調室の女王」――私はそんなあだ名をつけられた。いまは、折れてしまったことがくやしくてたまらない。

三月一〇日、つまり昨日は取り調べがなかった。そしてきょう、警官たちが私を迎えに来た。いつものように、足には鎖、手には手錠をかけられ、頭に黒い頭巾をかぶせられた。外に出るとタスキンが合流した。いくつもの廊下や階段を通りすぎるあいだ、私は肉体的な暴力をふるわれるだろうと覚悟していた。居室を出るとき、もう会えないだろうという予感がして、仲間たちに悲しげな目で別れを告げた。アルミラは力なく私に笑いかけた。私は彼女が受けた暴行のことを思い返した。拷問を受けるときどんな感じがするのだろう？　警官たちはどんな道具を使うのだろう？　アルミラにしたように握りこぶしで殴るのだろうか？　ザヒーダの息子にしたように、私の妹を拷問にかけるのだろうか？　殴るなら体ではなく頭にしてほしい。もうやせてしまって骨と皮だけなのだから。がらんとした警察署の廊下を歩きながら、そんな考えが私の頭をよぎった。すると警官が、私をある部屋のなかへ入れた。そこには背が低い小太りの男性と、女性数人がいた。男性はルオという名前で「ルオ隊長」と呼ばれていた。「その鎖と手錠は何だ！　頭巾をとってやれ！」とルオ隊長は私を見るなりどなった。警官たちは当惑しながら命令にしたがった。

みな何も言わずに階段を上った。私は背中を押されて部屋のなかに入った。拷問具、鎖、ロープなど、さきほどまでの悪い予感の裏づけになるようなものがないかとその空間をざっと見わたした。ところがそこにあるのは、大きな鏡と、壁に寄せてある小さなテーブルと、奥のスペースにあるふたつの洗面台だった。拷問部屋ではなくバスルームだったのだ。

私はもう何カ月も同じつなぎを着ていた。汗と屈辱がしみ込んだつなぎだ。収容所のすえたにおいがする。染みや鉄さびがついているのは、私がぶざまな状態に置かれていた証拠だが、まるでこれから舞台にでも上がるかのように、いきなり化粧が始まった。

数人の女性が私のほうに駆けよると、私のくたびれた短い髪の毛を引っぱって刷毛で染め、私の囚人服をバスルームの隅に放り投げ、テーブルの引き出しから出してきたマスカラやアイシャドー、口紅を手に、私の顔のまわりでああだこうだと話し合う。ひとりが腫れたまぶたにアイラインを引いてくれたかと思えば、もうひとりがこけたほおにチークを入れてくれる。どうしてなのかわからなかったが、この女性警官たちは、私にひとりの人間としての外見を取り戻させるのに熱心だった。

ルオ隊長は私に言った。「取り調べでおまえはとても協力的だったようだな。これから、警官に話したことをもう一度言ってもらう。だが、今回は撮影する。いいな?」あたかもこのメーキャップ――メイクブラシ、マスカラ、口紅――が、私にとってごくふつうのことだと言わんばかりだった。「それと引きかえに、いい生活環境を与えてやろう」。私たちは階段を下り、窓に色ガラスがはめられた、寒くてひとけのない部屋に入った。そこには三脚のうえにカメラが据えてあった。

留置場にいたとき、収容者仲間が、自白を撮影する警察の手法について話していた。一度録画されてしまうと、どんなときでもそれを脅迫の手段として使われかねない。警察に協力させるために、あるいは自分がその犠牲となった権力濫用行為について黙らせるために使われかねないのだ。もし何か話したら、その動画がインターネットで公開され、自分がどのように共産党を侮辱してきたか、そしてどのように許しを求めたのかを小ざっぱりした姿で語るようすが多くの人の目にさらされる。あとになって体制に協力してはいないと主張しても、誰にも信じてもらえなくなる。こうして、党は監視対象への影響力を保ちつづける。

並べられたスポットライトの光がまぶしくてぼう然としていると「スタート！」と叫ぶ声がした。二日前にタスキンが私にくり返させたせりふを頭にうかべながら、私は話しはじめた。何ひとつ本心からのものはない。嘘ばかりでいまとなっては恥だと思っている。けれどもあのときはそうするしかなかった。もう手遅れだった。すでに留置場で自分の「罪」を自白してしまった私は、強力な歯車に組み込まれてしまっていた。そこで逆らったら報復を受けることになるだろう。それだけは恐ろしくてたまらなかった。

「私の名前はグルバハール・ハイティワジです」

ルオの顔は暗闇に沈んでいたが、その励ますような笑みは見えた。ルオは私に向かって、そのまま続けろというしぐさをした。私は話を続けた。

「私は一九六六年一二月二四日、中国の新疆ウイグル自治区グルジャで生まれました。中等教育を終えるまでグルジャで暮らし、一九八四年、ウルムチ石油大学に通うためその地を去りました。ウルムチでは、教育と住まいと食事を与えてもらいました。でも、それらの特権だけでは不足を感じました。私は満足できなかったのです。それで、一九八五年一二月のデモに参加しました。この行為については後悔しています。許してください。一九八八年、私はカラマイに移りました。一九九〇年にケリム・ハイティワジと結婚し、一九九二年と一九九七年に娘ふたりが生まれました。二〇〇二年、申し分のない生活環境にもかかわらず、夫はフランスのパリに移住してしまいました。私は止めようとしましたが、夫は私の言うことを聞いてくれませんでした。彼は道を踏みはずし、フランスウイグル協会に入会しました。娘のグルフマール・ハイティワジも父親にしたがいました。この協会は完全に違法であり、ラビア・カーディルが代表者をつとめていて、独立と分離主義をうたっています。ラビア・カーディルは嘘つきでテロリストです。彼女の組織に参加しないでください。もしあなたがたがフランスウイグル協会の一員ならば、会をやめてください。ケリム、グルフマール、お願いだから脱会して。中国に対して悪いことは何もしないでちょうだい。新疆の自分の家族を訪問するたびに、中国がもたらしてくれる進歩を目の当たりにします。何が起ころうとも、私は中国を選びます。私は中国の側に立つ人間です。あなたがたも私と同じようにすることを願っています」

それからというもの、私は居室のなかでひとり泣いていた。解放されるという希望を持って生きてきたのに、いまよりましな未来が約束された現在、罪悪感につきまとわれている。中国は私から思考まで奪ってしまった。ラビア・カーディルはかつて、ある動画のなかで、拘束されたウイグル人が短い動画で彼女への批判を強いられること、在外ウイグル人は強要されて中国警察に協力した人々の言葉をけっして信じるべきでないことを伝えていた。けれども結局のところ、私が愛する人たちに対して、あのとき自分には選択の余地がなかったのだと言ったとして、誰が信じてくれるだろう。ケリムとグルフマールは、私が告発したことを許してくれるだろうか。私はふたりを裏切り、ラビア・カーディルに汚名を着せてしまった。その事実を変えることはどうやってもできはしない。拘束されたまま自由で胸を張って死んでいくのと、自分の嘘にまみれ、人々のがっかりした視線にさらされて恥を感じながら生きていくのと、どちらがよいのだろう。

## 二〇一九年三月一二日

私はわざと返事をしなかった。タスキンから「おまえは自由の身だ」と言われたとき、彼のほうに目もくれなかった。「もう少し喜んだらどうだ？　ここから出るのだから」と彼は続けた。藁の寝床に横になった私は彼に背を向けたまま、目を見開いて、結露の痕跡が残る壁を見つめていた。いったい、あの男は何を望んでいるのだろう。感謝してほしいのか。

希望を持てずにいたころ、私は何度この瞬間を思い描いたことだろう。その瞬間に、強烈な喜びが全身を駆けめぐるだろうと思っていたのに、いよいよ自由な世界に戻れると告げられたとき、私はうつろで、気力も感情もなくなっていた。心のなかにひとすじの光も入ってこない。再教育収容所の授業、取り調べ、ひどい仕打ちが、よどんだかたまりとなってたがいにぶつかりあっている。それらはつらい記憶の、形のない山となって積み重なり、頭の外に追いやることができない。この男は私の身も心も打ち砕いた。私は、自分が弱かったばかりに裏切ることになった人々との再会を考えるだけで恐ろしくなるというのに、この傲慢な男は、そう、私の苦しみの原因となった数百人のうちのひとりであるこの男は、厚かましくも私に向かって「おまえは自由の身だ」と言っている。そのとき私は、自尊心と倦怠感と恐怖が入りまじった不思議な感覚をおぼえた。自由になった。ともかく私はそう思っていた。

# 第19章

**二〇一九年三月一五日、カラマイ**

鼻をくすぐるような焼きたてのパンの香りで目を覚ます。ふかふかのマットレスに沈めていた体を起こし、その体が包まれていた白いシーツを押しのける。まだ眠気で頭が重いまま、真新しいじゅうたんの上に足をのせ、自分のまわりを見わたしてみる。窓からは心を落ち着かせてくれるような生命感にあふれた日の光が、電動ブラインドのすきまから射しこんでいる。テーブルの上には果物の入ったバスケット、水の入ったカラフェときれいなグラス、ジュース、それからティーポットが置いてある。そのティーポットは、やがて慣れた手つきによって新鮮なミントの葉と熱湯で満たされる予定だ。白い壁には凝った細工がほどこされた鏡と額縁がかかっている。

それが私の毎朝の習慣だった。静かで非の打ちどころのない部屋を見まわす。洗面所に行くかシャワーを浴びるとき以外にその部屋から出ることはない。ここで初めて目を覚ましたときは、夢でも見ているのかと思った。けれどもすぐさま、それも悪夢のくり返しだと気づいた。私は自由ではない。私が暮らしているのは豪華な牢獄だ。そこは私が二〇一七年に拘束された留置場の隣りにあって、私のほかに警官たちが住んでいる。

昼も夜も交代で十一名の警官のチームが私を監視している。女性が八人、男性が三人だ。家のなかがしんとしている夜明け、彼らは私の大きなベッドに隣接する居間のソファーや肘掛け椅子の上で寝入っている。警官たちが、眠っているか死んでいるかのときしかありえない、手足がだらんとした状態でいるのを見るのは、不思議な感じがする。テレビ画面もまだ眠りについたままだ。テレビはあとでつけよう。私は多くの時間をテレビの前で過ごしている。テレビを見るのが好きだからではなく、料理番組や頭の痛くなるようなテーマ音楽が特徴の番組に没頭すれば、現実を忘れることができるからだ。収容されていたあいだ、沈黙の「音」以上に恐ろしいものはなかった。牢獄がきしみ、すきま風が冷たい壁をなでるような、湿った粘り気のある沈黙の音……。それにひきかえここではすべてのものが温かく、角がとれ、やわらかさを感じるが、それでもふと寒気がすると、私はテレビの音量を大きくする。

テレビ番組を見つづけていると、考え事をしなくてすむということもある。私は自分がどうしてここにいるのかいまだにわからない。そのうち解放されるのか、その反対に、何年も監視下に置かれるのか見当がつかなかった。監視下に置かれつづける可能性もある。いずれにしても、誰も私にこの先の処遇を伝えることが適切だとは思っていなかったし、私は私で、留置場に戻されるのが怖くてたずねなかった。だが快適な空気のなかにいると、ほっとすると同時に不安にかられる。「あなたの仕事は、とにかく食べて、休んで、テレビを見ること。それ以外は考えてはいけない」などと言われたウイグル人の囚人など、これまでいただろうか？　警官たちは、たくさんの料理や新しい衣服、衛生用品を用意して心づかいを示してくれている。それが私を不安にさせる。彼らの目を見ると、心から同情してくれているというよりも、上司からの命令を実行しなければと心配しているのがわかるのだ。最初の数日は、彼らが持ってきてくれたウイグルの蒸し料理をつまむのがやっとだった。リンゴにいたっては、まるで毒リンゴであるかのように、さわりもしないでながめていた。警官たちは私に対して、適量以上に食べるよう強くすすめた。収容生活で失った体重を取り戻すことが回復の第一歩だと考えているようだった。「ほら、リンゴを食べなさい」と三日目に警官のひとりが言った。結局、私と警官はひとつのリンゴを分けあって食べた。

警官たちは私を見守るのではなく、見張っている。建物に面した南国風の庭を見ようと窓の前に行くだけで、心配そうに近づいてくる。バスルームをいつもより数分長く使うと、ドアをたたいて「グルバハール、だいじょうぶ？　何か問題でもあるの？」と聞いてくる。私が自殺するのを恐れているのだ。

ところが私は死にたいとは全然思っていない。そのうち家族に電話するのを許可してもらえるはずだと言われてからは、死に引かれる思いは消えてしまった。ケリム、グルフマール、グルニガールに電話ができる……。けれどもすぐさま、いつものとおり、彼らに電話をするときもひとりにはさせてもらえないということに気づいてしまった。私はもう一度、嘘をつかなければならなくなる。この国のウイグル人の運命を卑劣なやり方でかくすために、中国共産党のプロパガンダを言わされるのだ。警官たちは私に、話すべき言葉をくり返し練習させはじめた。もう大まかにしかおぼえていないが、次のようなせりふだ。「私は元気よ。心配しないで。カラマイに家を借りたの。ひとりで暮らしてる。心配しないでね」

電話する日は三月一八日の正午すぎと決まった。その時間ならケリムはまちがいなく家にいるし、グルフマールは仕事をしている。警察は私の家族を罠にはめようとしているのだろうか。ケリムとグルフマールは、私の声を聞いたらどんな反応をするだろう。私が嘘をまくしたてるよう強制されていることに気づいてくれるだろうか。通話中、私のまわりの張りつめたような静けさで、私がひとりではなくスピーカーフォンで話していること、警官たちに囲まれていて、通話内容が記録されていることに気づいてくれるだろうか。

部屋に光が射しこんできた。この家もそろそろ目を覚ますだろう。外からは鳥のさえずりが、近くの通りからは車のエンジン音が聞こえてくる。女性警官のひとりがなにやら寝言をつぶやいている。彼女が毛布にくるまり、寝息とともにまた眠ってしまうのが見える。ここで眠っている女性警官たちの顔には、収容所にいる女性のような打ち傷はない。清潔な制服に身を包んだ彼女たちは、肉づきがよくて見るからに健康的だ。女性警官たちのうち七人は漢人で、ひとりがウイグル人だった。

七人のひとりはワン・チエンという女性警官で、彼女とは留置場にいるときに知り合った(1)。留置場での彼女の意地悪ぶりはきわだっていた。居室に来ては、同じ警察署でも檻の向こう側で出されている「あまりに豪華な」食事のせいでお腹が痛いと不平をもらす。床にじかにすわって、水っぽいスープだけでぐうぐう鳴るおなかを満たさなければならない私たちを見て笑いながら「私、肉の串刺しを食べ過ぎたみたい」と言うのだ。それが運命の偶然で、彼女はまた私の見張り役のひとりになった。だが今回は、床にじかに寝ているのは彼女のほうだ。

私はワン・チエンのことを、もう恨んではいない。かつて彼女が私を苦しめたとしても、いまは自分のベッドを使わせてやってもいいとさえ思う。私は彼女にも、同僚の警官たちにも憎しみはいだいていない。というのも、ニキビができているまだ若い警官たちの顔や、細かいしわがちらほら見えるもっと年配の警官たちの顔を見れば、この人たちがふつうの生活、ごくふつうの女性の生活をしていることがわかるからだ。夫や子どもや婚約者がいることがうかがえる生活——彼女たちも私と同じ女性なのだ。

ただひとりウイグル人の女性警官は、ユルトゥズという名前だった。グルフマールと同い年の二十七歳だと知ってから、私は彼女をいとおしく思うようになった。ときにはふたりで庭を少し歩くこともあった。そうした散歩中に、ユルトゥズは自分の生活の一端を話してくれた。たわいないエピソードでも、それを聞いていると楽しい気分になり、彼女も屈託なく笑う。ユルトゥズには婚約者がいた。私は自分の娘たちの生活を話題にした。新疆で幼少時代を過ごしたこと、その後フランスで勉強したこと。グルフマールはマーケティングの学校を卒業し、グルニガールはいま商業専門学校に通っていること。ユルトゥズは目を輝かせながら私を見ていた。ユルトゥズもグルフマールのような人生を歩んでいたかもしれない。あるいは私に、ユルトゥズのような人生を歩む娘がいたかもしれない。たんに、ユルトゥズは逮捕される側にならなかっただけのことだ。彼女は警官で、私は「テロリスト」。けれども私たちはほかでもない同じ民族に属している。散歩中、私たちは小声でウイグル語を話していたが、漢人の警官たちのとがめるような視線にぶつかると、すぐさま中国語に切りかえた。彼女も家族とイード（断食明けの祝い）を祝い、少し前までは、拘束されたり収容所に送られたり再教育を受けさせられるといった心配もなく、祈りをささげていたかもしれない。ユルトゥズが警察の仕事を選んだのは、自分の国で安心して暮らすためだったのだろうか？　彼女は、自分自身が、自分の宗教、言語、伝統を根絶やしにする任務を負った、体制側の多くの兵士のひとりであることを自覚しているのだろうか？　ユルトゥズは、中国がウイグル人を消滅させようとしていることに気づいているのだろうか？

# 第20章

二〇一九年四月二日

何があったのか質問することもできなかった。ユルトゥズが消えた。ほかの女性警官、漢人の警官に代えられたのだ。私たちの友情は、庭での散歩のようすを見ていた警察の怒りを買った。ユルトゥズには、もうおたがいウイグル語で話すべきではないと私は言っていたが、ふたりとも警戒心が足りなかったのだ。警官のひとりが上司に報告したところ、ユルトゥズはほかの警察署に異動になった。誰もそうは言わなかったが、私にはわかっている。理由もなく消息がわからなくなるなんて、そんな例はまれだ。理由なしで失踪したと信じさせたいのだろうが、誰かが消えてしまうとき、それはその人が警察に目をつけられたことを意味する。ユルトゥズのような警官でさえ、完全には信用されない。彼女は私を監視する命令を受けていたのに、私へのやさしさのせいで、その任務に失敗してしまった。

私のせいだ。彼女が再教育収容所に送られていないことを願うばかりだ。

もっとも、数日前から私は、いまにも断ち切られそうな幸福の綱渡りをしている状態だった。私が注意を払わなくても太陽はのぼり、沈んでいく。警官たちが私に話しかけているのは目に入るが、何も聞こえていなかった。私の体は彼らの前にあっても、心は遠いところにあった。とても遠いところに。もはや電話しか頭になかった。小さな呼び出し音。その音が部屋にひびき、知らない番号がパネルに映し出される。心臓がどきどきする。

すべては三月一八日に始まった。その日、きれいに剪定された庭の植え込みにふりそそぐ強い日の光は、特別な輝きを放っていた。その日の私は、延々と何も起こらない日々を過ごしながら踏みかためてきた土の小道をいつものようには歩けなかった。土を蹴り上げるように歩いたのだ。三月一八日、私は興奮していた。叫びたかった、泣きたかった、いや彼らの言葉を思い出すために目を閉じたかった。「グルバハール、きみなのか?」「お母さん?」あの日、私はとり乱してしまった。電話でケリムとグルフマールの声を聞いたからだ。

心の準備が整う前に、その日はやってきた。けれども、二年以上も連絡をとるのをさまたげられて、まだ自分が戻ることを望んでいてくれるのかもわからない最愛の人たちと電話で「再会」するなんて、どうやって心の準備をしろというのだろう? そのとき何を話すものなのだろうか。おそらくごく平凡なことを話すのだろう。そうした平凡な会話は、以前と何も変わらないという印象を与えるのにちょうどいいし、ふつうの生活のなかで交わされるちょっとした近況報告のつもりで電話したことにできるからだ。それぞれが仕事や台所に戻るかのように、電話を切るときには「じゃあ、よい一日を！また夜にね！」「うん、また今夜！」などと言っていたころのように。シンプルな言葉のよいところは、自分の感情を一定の方向に誘導できる点にある。喜びや興奮と同様に、理性的ではない感情、つまり拘留生活による心の傷もコントロールできる。夫や娘たちの人生から二年以上も消えてしまったことへの罪悪感、彼らが私のことをうらんでいやしないかという恐れ、あるいは私が収容されていたあいだ、彼らが当局とぶつかることはなかったのかという不安をコントロールできるのだ。

そうだ、シンプルな言葉がいい。あの日の朝、夜明けの涼しさが生あたたかい空気に置きかわっていくあいだ、そして警官たちがまるで宗教行事のような念の入れようで、テーブル、椅子、スマートフォン、手帳——つまるところ通話に必要なものすべてを用意するあいだ、私は自分にそう言い聞かせていた。けれども、警官たちが私たちの通話から何を引き出そうとしているのかはわからなかった。情報が目的だとしても、いったいどんな情報を引き出したいのだろう？　ケリムへの電話とグルフマールへの電話の両方とも、私の部屋で実行することになっていた。警官たちは、手帳に彼らが聞きたい質問を書きつけていた。それぞれの通話内容の展開に応じて、会話中の適切なタイミングで、それらをそのまま私に言わせるつもりなのだ。マルセイユの企業で八年間働いていたという通訳の若い男性が、私のそばにすわることになった。私が個人的なメッセージや秘密の情報を伝えないよう見張る役割だ。秘密の情報なんて、私には知ったことではなかった。部屋のなかは緊張が高まり、私はふたりの声が聞けるということしか考えていなかった。

ケリムが着信に応答したとき、彼はちょうど玄関でせわしなくしているところだった。背後で音がしているのが聞こえた。ローテーブルの小物を移動させている音だ。きっと鍵を探しているにちがいない。おそらく自分の車を出しに駐車場へ下りていき、その日の仕事を始めようとしていたのだろう。私の声を聞くと、ケリムは一瞬黙りこんだ。ちょっとやそっとのことでは動じない彼がわなわなとふるえているのが伝わってくる。「グルバハール、どこにいるんだ？ みんなで探しまわったんだよ。きみが解放されるようあらゆる手をつくしているんだ」と彼は声をつまらせた。胸が高まるあまり、私は一言も言えなくなってしまった。私のまわりでは、警官たちがケリムの言葉をひたすら手帳に書いている。私たちはたいしたことは話さず、必要最小限のやりとりにとどめた。私はたしかに生きていて、健康に問題はない、と。ケリムは新疆警察の取り調べ方法を熟知している。私が五、六人の共産党の手下に囲まれていることはお見通しだった。私の沈黙が質問への答えになっていたのだろう、彼はしつこく居場所をたずねたりしなかった。グルフマールも言葉少なだった。私が電話を切ったあと、警官たちは疑わしげなまなざしを向けながら、私にそう指摘した。彼女の背後で、全速力で動く機械のざくっざくっという音がするのが聞こえた。グルフマールは列車に乗っていたのだ。彼女は旅行中であることをかくそうとしていないようだった。「時計見本市に行くところなの。ええ、仕事で。スイスよ」とだけ彼女は答えた。それは、警官のひとりが自分の手帳を指差しながら、そこに書いてあった言葉、「いまどこにいるの？ あなたひとりなの？」という言葉を私に言わせたあとのことだった。

ケリムはいまもブーローニュの住まいで暮らしていた。グルフマールは仕事で旅行中だった。ふたりはグルニガールも元気にしていると私に言った。彼らの生活から二年あまり離れていた私は、彼らが自由で幸せに暮らしていることを知った。電話を切ったとき、警官が手帳にペンを走らせている部屋のなかで私は一瞬幸せな気持ちになったが、またすぐに気が重くなってしまった。いつかここから出られる日が来て、ブーローニュでの平穏な日々を取り戻したら、家族にここ新疆で経験したことを話さなければならない。すべてが聞くに耐えないことで、語るのがつらいことだ。けれどもそうしなければいけない。

私の話をどうやって聞かせればいいのだろう。私が警官たちの言うことをきいて生きのびたことを、どう家族に伝えればいいのだろう。その警官たちも私と同じウイグル人で、警察組織の特権によって、私たちの身も心も好き勝手にできる立場にある。人間性を失ったロボットのように、洗脳された男女が、告発しないものは告発され、罰しないものは罰せられるという大きなシステムのなかで、小役人として命令を実行している。彼らは私たちを、打ちのめすべき敵で裏切り者でテロリストだと確信して、悲惨な収容所生活に追いやった。私たちが獣であるかのように、世界の動きからも時間の流れからも遠い収容所に閉じこめた。そのような男女が私たちを収容所で洗脳し、間違った考え、悪い考えを延々と吹きこんだ。私たちを「再教育」しようとした。窓のない教室で、国歌に合わせて行進することを私たちは教えられた。そこでへとへとになり、息が切れて倒れた女性たちは、監視員によってどこかへ連れていかれた。

収容所では、生と死はそれまでと同じ意味ではなかった。夜、監視員の足音で目がさめると、私は銃殺されるのだと何度も思った。バリカンを持った手で雑に頭を刈られ、ほかの手で肩に落ちたその髪の房をつかみとられたとき、私はそのときが来たのだと思い、涙をためた目を閉じた。絞首刑、電気ショック、あるいは溺死を覚悟した。死はいたるところにひそんでいて、待ち伏せをしていた。「ワクチンを打つ」ために、職員が氷のように冷たい手で腕をつかんだときも、私は毒を注射されるのではないかと思った。実際になされたのは不妊処置だった。[1] そのとき、私は収容所のやりかた、つまり冷酷に殺すのではなく、ゆっくりと絶滅させるために仕組まれたシステムがいかに洗練されているかを理解した。それはあまりにもゆっくりなので、誰にも気づかれないのだ。

　私たちはあるがままの自分を否定するように要求された。私たちの伝統につばを吐き、私たちの言語を批判し、私たちの民族を侮辱するように求められた。収容所を出た私のような人間は、もう自分がなにものであるかわからなくなっている。影でしかなく、精神の抜け殻でしかない。私は、ハイティワジ家の人間がテロリストだと信じるように仕向けられた。私は家族からあまりにも離れ、あまりにも孤独で、あまりにもくたびれはてたせいで、それをもう少しで信じそうになっていた。ケリム、グルフマール、グルニガール……。私はあなたたちの「罪」を告発してしまった。私は共産党に、あなたたちも私もやっていない行為について許しを乞うた。いまは自分が言ったことすべてを後悔している。自分はもう死ぬのだと何百回も思った。現在、私は生きていて、真実を大声で叫びたい。そんな私をあなたたちが認めてくれるかわからない。あなたたちが私を許してくれるかわからない。そう、こんなことすべてをどうやって彼らに言えばいいのだろう？

とりとめもないことばかり考えてしまう。明日になればもっと考えがはっきりするだろう。いや、もう忘れてしまうかもしれない。ときおり、すべてがどのように始まったのか、いつ始まったのかわからなくなることがある。記憶力や気力が消えてしまっているのだ。明日になったら極度の疲労におそわれるだろう。相反する気分、混乱した感情が数分おきに押し寄せる。私の心は使い古されたスポンジのようになっている。何度もしぼられてくたびれてしまって、もう思考という水をたくわえておくことができない。朝になると、ぶるっとふるえて目を覚ます。まだ悪夢が続いているようで、汗をびっしょりかいている。制服姿の人影、中国語でどなる小男たち、許しを求めるウイグル人女性の影が出てくる収容所の夢だ。ケリム、グルフマール、グルニガール、あなたたちは私を信じてくれるだろうか？　いつの日か私がこの陰鬱な話をする気になったとして、言葉どおりに受け取ってくれるだろうか？　私をとり囲んで、わけ知り顔で視線を交わすかもしれない。新疆滞在中の警察の取り調べで、私の頭がおかしくなったのだと考えて。

収容所生活で正気を失ってしまったのは事実だ。けれども、私の話はすべて真実だ。私が経験したことは、囚人が自分のおかれた状況を誇張した病的な妄想などではまったくない。私は、ほかの何千人もの人々がそうだったように、中国の異常なうずに巻き込まれたのだ。収容所送りにする中国、拷問する中国、自国民であるウイグル人を殺す中国の異常なうずに。いつか、私が気力を取り戻したら、そのことを話そう。ケリムやグルフマール、グルニガールに知ってもらうために。世界に知ってもらうために。

## 二〇一九年四月六日

一食抜きにすることなど不可能だった。皿を前にして私がぐずぐずしているのを彼らが見たら、まるで最後まで食べきるのをいやがる子どもに対してするように、私のまわりに群がって、食べろ食べろとすすめてくる。「ほら、グルバハール、もっと食べたら」。運ばれてくる料理の数々は香りがよく、夜になれば、ふかふかのベッドにまるくなってぐっすり眠り、ヨガのストレッチも部屋の分厚いカーペットの上でできる――そうしたひとつひとつが、私の不信感を和らげていった。少しずつ、私は警戒を解いていった。際限なく与えられたこの休息を味わっていた。ここでは、すべてが交渉で決まるからだ。ただでもらえるものは何もない。食べなければ、ケリムとグルフマールに電話できなくなる(ときどき二日に一回になることがあったとはいえ、毎日一回、電話することを許可されていた)。だから私は食べ、ストレッチをし、眠った。収容所に残されたままの仲間たちの顔や、私を虐待してきた人たちの顔がよみがえってきてもそうした。リノリウムの床をこする足音や、ドアが閉まる音がするだけで、いまだにびくっとすくみ上がってしまってもそうしたのだ。けれども、五感が鈍くなるほどのこの平穏も、いつ奪われるかわからない。じきに解放されると信じ込まされているが、そうした見込みもすべて、私が警察にどのくらい協力するかにかかっている。警察が何を望んでいるのか私にはわかりつつあった。それに抵抗したりすれば収容所に送り返されてしまう。私はそう予告されていた。

私が警戒していたのは通話だった。かれこれ二、三週間、ケリムとグルフマールに電話してもよいと許可される頻度が驚くほど多くなっていた。私はふたりそれぞれに、警官たちの言い方を借りれば「近況を知るために」毎日数分ずつ電話をかけていた。七年間の再教育を宣告され、二年以上もとらわれの身になっていたこの私が、なぜ突然、フランスに亡命した裏切り者とみなされている身内と話す特権を与えられたのだろう。交渉道具として使われているのでないとすれば、いったいどうして警察官用の住宅をあてがわれたのだろう。

ケリムとグルフマールの活動が、新疆の情報機関の関心を引いていた。私が留置場、最初の収容所、二番目の収容所、そしてふたたび留置場で過ごした年月のあいだ、ふたりは私がどこに消えてしまったのかを知ろうと奔走していた。電話ですっかり話してくれたのだ。拘束されているのではないかという不安、再教育収容所に送られたのではないかという不安、ほかのウイグル人とともに私の死体が共同墓穴に投げ込まれたのではないかという不安を。そして何カ月ものあいだ、親戚、友人、知り合いなど新疆で知っている人々すべてに連絡をとったことを。それから失敗に失敗を重ね、ぬか喜びから失望を味わいながら、私の事案がどのように外務省で取り扱われるようになったかを話してくれた。

フランスでは私の失踪がもはや秘密になっていないことがわかった。グルフマールは記者たちに私のことを話し、中国に向かって私を解放するように求めていた。顔を出して、テレビのスタジオで再教育収容所を糾弾した。ケリムは自分のフェイスブックのページで記事をシェアした。オンライン署名が広がっていた。

部屋では私の前にいる男が何か書きつけて、その手帳を私に差しだし、私はそこに書かれている質問をそのまま復唱していた。ケリムとグルフマールは質問に答えてくれた。私が手帳を返すと、その男が次の指示を差しだす。私たちのまわりでは、警察の書記係が通話の内容や日時、ケリムとグルフマールが言及したメディアの名称をメモしていた。パソコンの前で、情報やフェイスブックのプロフィールを確認する警官もいた。

私の部屋は、中国情報機関が私の家族に対して捜査を行う本部になっていた。私は家族に向かって真実を叫ぶことができずに、胸をしめつけられたままその捜査に加わっていた。家族と警察のどちらが有利な立場をとるかの闘いで、私はかなめとなる存在だった。警官が合図を出すと私はうなずき、差しだされるあのいまいましい手帳を見ながら、ふたりに同じ質問をくり返した。ほかの警官たちはメモをとりつづけている。「お母さん、ほんとうにひとりなの?」とグルフマールはたびたび私にたずねた。私は気が重くなりながら「ええ、ひとりよ」と答える。口のなかにいやな後味が残る。

警察は、グルフマールがある「会議」(2)に参加したいと思っているのではないかと疑っていた。新疆の人権問題を専門家たちが話す会議で、グルフマールはそこで私の話をする予定だった。この会議にどれほどの発信力があり、新疆の「学校」に対してどんな影響をおよぼすことができるのか、私にはわからなかったが、ともかくその会議に対して警察はひどくいらだっていた。彼らは会議への出席を妨害しようとしていて、私の役割はまたも警察に手を貸すことだった。

三月二〇日のノウルーズの日に話はさかのぼる。私がグルフマールに電話したのは、ちょうど彼女が友人たちと《イケア》にいるときだった。彼女はすぐに電話に出た。彼女の背後からは、合成音声の店内アナウンスや子どもたちの泣き声、ショッピングカートを押す音が聞こえていた。典型的な《イケア》での土曜日だ。フランスではまだ早い時間だったので、おそらくグルフマールや彼女の夫、そして友人たちはそのあといっしょに、私たちウイグル人にとっての新年を祝うためにランチをともにする予定だったのだろう。警官は手帳を差しだし、私は口をきった。

「あなたどこにいるの？　フランスにいるの？　それならどこにも行かないでね」

「ええ、心配しないで。今年はウイグルのコミュニティとノウルーズを祝うことはしないから。どこにも行かない。家にいる予定よ」

「ノウルーズのことを言ってるんじゃないの、グルフマール。外国で行われる会議のことよ」

電話の向こうが静かになった。グルフマールは友人たちから離れたようだ。急に彼女の声がはっきり聞こえるようになった。「じつはジュネーヴに行くつもりだったの。人権理事会の年次会議に招待されてたから。でも心配しないで。私はお母さんから初めて電話があった時点で[3]、すぐにその招待を断ったから。中国の情報機関がそのことをまだ知らなかったなんて意外ね」

私のまわりにいた男たちは険しい表情で視線を交わした。怒り心頭だった。部屋のなかの緊張が一気に高まった。グルフマールは彼らをからかったのだ。もうひとりの警官が私に手帳を差しだした。私はそこに書いてあった言葉を、なんの抑揚もつけずにくり返した。「あのね、グルフマール、とてもまじめな話なの。もし違法なことをしているのなら、やめてちょうだい。もしまだやっていないのなら、やらないでちょうだい。よく聞いてね。あなたのフェイスブックのプロフィールから私にかんする投稿を全部削除して。メディアでウイグル問題について話したり、中国政府を批判したりするのはやめて。これは重大なことなのよ。もし私と再会したいなら、全部削除するのよ」

どうしたら正気を失わずにいられるのだろう？　いやしい餌のように使われながら、私は自分の家族を恐喝している。家族を脅している。フランスで、グルフマールとケリムは、考えられる支援はすべて利用して、私の解放のために活動している。だが、彼らが語りつづけるかぎり、私は解放されなくなってしまう。したがって、私が完全に目立たない状態でフランスに帰れるようにしてもらうためには、グルフマールとケリムには黙ってもらい、私の事案がフランス当局とメディアの関心から遠のくことが必要だった。その考え方からして、中国流のかけひきは巧妙だった。新疆当局は、大規模な再教育計画を国際的な批判からかわすために、私を収容所から出そうとしている。抜け目のないやり方だ。同時に私の新疆での収容生活のあらゆる証拠を消すことは言うまでもない。すでに彼らは、私の自白を録画した動画を持っている。私がひとたび解放され、証言したいと思ったとしても、その動画を反論の材料にすることができる。そしていま、彼らはケリムとグルフマールがやったことの後始末をしている。新疆に収容所が存在すること、私がそのひとつにいたことを証明するメディア記事、署名嘆願書、証言などを削除するよう、ふたりにうながしているのだ。

通話が終わるとすぐに、ケリムとグルフマールは投稿を削除しはじめた。警官たちは消すべき記事の一覧を作成していて、次の通話のときに、私たちはこの「大掃除」の進捗状況を確認した。中国当局の戦略は功を奏した。ソーシャルネットワーク上で在外ウイグル人による議論がわき起こった私の話は下火になっていった。そしてそれを電話でのやりとりによって支えたのが、ここでとらわれの身になっている私だった。まったく、巧妙なやり方だ。

ある日の朝、あと数分で通話を始める、と警官が言いにきたとき、私は感情を爆発させた。目に涙をいっぱいうかべながら「いくらなんでもあんまりだ」とわめいた。「こんなばかな真似を続けるのはうんざりよ!」収容所に逆戻りさせられようとどうでもいい。もう、自分にとっては同じことだ。ケリムとグルフマールに二度と嘘をつきたくない。「もう嘘はつきたくないの!」私は自分をおさえることができずに叫んだ。怒りのあまり全身がふるえ、のどが焼けるように痛かった。「もう家族には電話しません!」警官は荒れ狂った。彼も中国語でどなっていた。私たちの大声に気がついたのだろう、ほかの警官たちが少し開いていたドアのすき間からいきなり姿を現した。警官は私を指さして糾弾した。「せっかくここまでやってきたのに、みんなむだにするつもりか?　がっかりさせるんじゃない。もしおまえが電話しなかったら、俺は上司になんと言えばいいんだ?」私は、これまで流さなかったぶんまで涙を流した。それでも態度は変えなかった。その日、警官たちはスマートフォンを持って戻ってくることはなかった。私は目を泣きはらしたままテレビをつけ、ソファーに沈みこみながら、収容所に戻る可能性について思いをめぐらせた。戻ればもう生きのびることはできない。それは確実だ。

警官は夕方になってから戻ってきた。上司からの圧力、警察署での任務、妻や子どもたちのことなどあれやこれやを引き合いに出しながら、許してほしいと言った。私はなんと答えていいのかわからなかった。怒りにまかせて一日を過ごしたあと、結局、自分には協力する以外の選択肢がないと知った。反抗を続けたところで先はない。「心配しないで。もういいですから」と私は答えた。私を使って欧米での収容所批判を封じ込める、その任務の再開を上司に報告できることになって、彼は安心したようすで帰っていった。翌日、その警官は現れなかった。その次の日、私たちは通話を再開した。嘘と恐喝と脅しとともに。

# 第21章

二〇一九年四月一二日

私たちは車の座席でゆられながら、混みあった幹線道路を進んでいた。私は目を皿のようにして、カラマイの風景のひとつひとつに目をやりながら思いにひたっていた。座席のくたびれたシートには、私の両隣りに女性警官がふたりすわっている。外出するのはきょうが初めてだ。記憶と同じ街をふたたび見つけることができ、レストランや商店が残っているのを確認できるのはなんて幸せなことなのだろう。あのウイグルの露店では、麺料理のラグマンの材料をすべてそろえることができる。麺といっしょにあえる羊肉、タマネギ、ナス、トマト、トウガラシなどが手に入るのだ。それからあの店では、新鮮な果物や野菜を売っている。向こうにはあの串焼き屋さんが！　友人たちとよくランチをした店だ。あの店のラム肉は、炭火で焼く前に、塩とトウガラシとクミンがすりこまれている。ひとたび肉にしっかりと火がとおると、ひとつ向こうの通りまでおいしそうな香りがただよい、道行く人々が集まってくる。歩道では漢人のカップルが早足で歩き、ウイグル人の家族が学校の前で子どもたちを待っているかと思えば、生い茂った草木をはさんで何棟か建っているどっしりしたビルの前では、やはりウイグル人が話をしているのが見える。カラマイには昔から緑にあふれた場所がたくさんあった。公園や民家の庭、運河に沿って街が新しい木を植えるにつれて年々長くなる並木道。この街は、北部の大多数の都市のように、さほどウイグル文化独特の雰囲気があるわけではないが、緑が豊かなおかげでなかなか魅力がある。

北の人間のあいだでは、カシュガルが新疆で最もウイグル的な都市だといわれている。この南部にある先祖伝来のオアシス都市は、キルギスとタジキスタンとの国境をなす天山山脈のふもとにあり、キャラバンを組んでシルクロードを行く商人にとって重要な宿営地だった。男たちは大きなモスクの日陰になっている大広場でキャラバンを止めた。タクラマカン砂漠をいく日もかけて歩いてきた彼らは、モスクのアラビア風の柱に囲まれた大きな玄関口で、その長旅に見合うじゅうぶんな休憩をとることができた。南部は漢人の支配下にある北部よりも独立志向が強くて伝統的だ、といつも対照的にとらえられてきた。区都であるウルムチがそのまわりの都市に中国の影響を波及させているように、カシュガルは何世紀にもわたって新疆南部にウイグル文化を拡散してきた。

私たちが乗った車は信号で止まった。子ども連れの家族や高齢者が列をなして道をわたる。カシュガルやその周辺に暮らすウイグル人は、北部よりも熱烈で厳格なイスラム教を実践しているといわれている。ウイグル人が多数派で漢人が少数派のカシュガルに行けば、女性がヒジャブで頭をおおい、男性はひげをのばしていることに気づくだろう。少なくとも、イスラム教の属性をあらわすものを身につけることを禁ずる政令が出され、ことがややこしくなる前の数年前まではそうだった。

あの色つきガラスの向こうに、きれいにひげを剃った男たちと、髪を人工的に茶色に染めた女たちが見える。女のひとのほぼ全員が頭をおおっていない。私たちがまだここに住んでいたときでさえ、ひげを長くたくわえている男性はすでにごくわずかで、ヒジャブをつけた女性にすれちがうこともほとんどなかった。せいぜい、母が出かけるときに頭に巻いてあごの下で結んでいたような、シルクのカラフルなスカーフを巻く程度だ。私や妹たちは一度もヴェールをかぶったことはない。娘たちも同様だ。

けれども誤解がないように言っておかなければならない。私はなにも南部の女性たちがみなヴェールをかぶっているとか、北部の女性はみな顔をむき出しにしていると言っているわけではない。どちらの傾向も私たちウイグル人特有であり、おそらくそうした傾向は、私たちが新疆のさまざまな場所にどのような形で根ざしてきたか、そして私たちの習慣と伝統が、共産主義中国以降の漢人の流入によってどのように練られ、吸収され、影響を受けてきたかによるものだと私は考えている。そうした変化をあらわす「中国化」という言葉があるが、いずれにしても、北部のウイグル人はいわば水で薄められたようなイスラム教を実践しているといわれ、南部のウイグル人は民族の伝統を守りとおそうとする少数派だといわれている。

カラマイでは、私たちが中国の影響力に脅威を感じたことはなかった。カラマイは石油から生まれた都市であり、その意味ではずっと中国の街だったからだ。黒い黄金、つまり石油を汲み出すために、製油所の周辺に中国人がつくった街であり、石油のおかげで私たち労働者や技術者が家族ぐるみで暮らし、根を下ろすことができた。ウイグル人も漢人も同様だった。したがって私たちは中国旗のもとで暮らしてきたが、だからといって長いあいだ、私たちがウイグル人であることがさまたげられるようなことはなかった。中国のパワーショベルによってイスラム建築の至宝が粉砕されてしまったカシュガルなどの南部の都市のように、法律にもとづいた形で中国化されたわけでもない。北部の私たちは、先祖代々の遺産――広大なバザールや金属細工の工房が建ち並ぶ曲がりくねった小道、旧市街の土壁の家――の多くを数年前から切り捨てていった都市化計画[1]の暴力に巻きこまれるようなこともなかった。

スピードを上げた車の窓の外を、カラマイの建物が次々に後ろへ流れていく。どの建造物も中国の中堅都市のそれらと似かよっている。それらは碁盤の目のような街区のモデルに合致するように、長方形で、まっすぐ一列に並んでいる。見た目は悪くないが、魅力は乏しい。いまとなって私にわかるのは、都市や田舎の中国化の過程に、私たちが対象になっている再教育の兆候がすでにひそんでいたということだ。カシュガルがそうした都市計画の対象になったとき、小さな土壁の家の住民たちは、この再開発が彼らの利益のために行われるのだと信じ込まされた。新築マンションを建てるためにでこぼこした狭い小道を更地にしたり、ショッピングセンターをつくるためにモスクに面した大広場をつぶしたりするのは、民族の文化や宗教を攻撃するためではなく、住民に現代的で快適な生活をさせるためだと信じ込まされてきた。いま、カシュガルの古いモスクの広場には巨大なスクリーンがいくつか置かれている。それらのスクリーンの下で、住民たちはカメラに監視されながら礼拝にやってくる。何世代も前から自分たちの古い家に住んでいた家族たちは、新しい住宅に引っ越しさせられた。その新しい住宅をあとで売れば大きな利益が得られる、と言い含められて。

そうしたやり方は収容所でも同じだ。「あなたたちのため」に再教育を行うのは、「悪」があなたたちを駆りたてているからだ、とくり返し聞かされた。それがカラマイだろうと、ウルムチだろうと、カシュガルだろうと変わらない。それぞれの地域の文化にどんな個性があろうと、四方八方に触手を広げる中国化は、つねに同じやり方で行われる。ひっそりと忍びよってくるのだ。わずかな干渉から始めて、大がかりな攻撃へと規模を拡大する。中国化はそのようにして再教育の方向へ進んでいく。

車を運転していた警官が、一日の終わりの交通渋滞にのみこまれ、中国語で悪態をついている。私たちはある通りの真ん中で身動きがとれなくなってしまった。学校の終業のチャイムが鳴りひびき、制服を着た子どもたちが大挙して歩道に出てきたところだった。自転車に乗った住民たちが渋滞で立ち往生している車のあいだを縫うように走っていく。おそらく仕事帰りなのだろう。よくある平日の風景だ。私たちは典型的な中国風のショッピングモールから戻ってくる途中だった。中国東部の漢人が移住してきたのと同時にもたらされたこうしたたぐいの建物は、一カ所ですべての買物ができるというふれこみだった。事実、とても便利だ。すでに私は二〇一二年、夏休みに新疆へ来たとき、このショッピングモールにケリムとグルニガールと三人で行ったことがある。店も通路も冷房がフル稼働していたことを思い出す。

七年後のカラマイには、当時のようなのどかさは残っていなかった。ショッピングモールの中央通路は、中国人が好む模造大理石で作られており、女性店員が自分たちの店に誘おうと呼び込みをしている。コマーシャルの合成音声が、中国の歌謡曲やKポップにまぎれてひびいている。ピンク、白、青のネオンのまばゆい光が、ナイトクラブにいるかのように床のタイルを照らしている。結局のところ、私たちはアパレルと家電と化粧品の帝国にいただけだったのだ。

私は服を一式買うことになっていた。留置場に入ったときに女性警官からもらった丸襟のシャツにズボン、はき古した靴下を交換するのにじゅうぶんなお金を私はもらっていた。靴も一足買おうと考えていた。そんな当たり前の買物なのに、私は幸福感で浮き足立っていた。靴を買える！　四人用の黒い布製の上靴をはいたまま過ごしたあの日々を思うと、なんて幸せなのだろう。

けれども心の底では「もし知り合いに出くわしたらどうしよう」と不安にかられていた。警官たちはあえて日々の勤務時間中、昼食の直前に私をショッピングモールに連れてきていた。だから私が何よりも恐れている、カラマイの友人たちに出くわす可能性はほとんどなかった。もし彼らが私に気づいたとしたら……。黄ばんだ顔をして、髪の毛は男の子のように短く切られていて、場違いな収容者用の制服を着ている私の姿を見たとしたら、どんな反応をしたことだろう。ショッピングモールのなかを歩く私のあとを警官がついていくようすを見たとしたら、私が自由の身ではないことがわかるのではないだろうか。そして、恐怖と哀れみの混じりあったまなざしを私に投げかけることだろう。なかには警察沙汰に巻きこまれるのを恐れて、私にあいさつする勇気すらない人もいるかもしれない。彼らは私をこっそりと見て、こうささやきあうにちがいない。「あれグルバハールじゃないか？」「ええ、そうだわ。あら！　なんて変わってしまったのかしら」「いったい何があったんだろう？」いまや私は警察の世話になっている、疫病神のような人間のひとりだった。好感をいだいている知り合いに迷惑をかけるかもしれないと考えると、背筋が寒くなる。

それと同時に、アイヌールに偶然会えればいいなと思う。私はガラスの向こう側にいる人影を、どきどきしながらひとつひとつ見ていた。背丈やボブスタイルの黒髪、ふくよかなシルエットを手がかりに、彼女の姿を見つけようとした。あるいは妹のマディーナの姿を。ショッピングモールで会うことができたら、どんなにいいだろう。マディーナは、数日の予定でカラマイに来ることがよくある。遠目からでも、私たちならおたがいを認めることができるだろう。思わず抱きしめあったとしても、警官たちは同情のまなざしで見守ってくれるかもしれない。マディーナはウルムチにいる夫や子どもたちの近況を話してくれる。私は現実にふれるのを注意深く避けながら世間話をする。彼女はそんな私を温かく見つめてくれる。自分が嘘をつかれているとわかっていようと、「あなたはそんなことは気にしなくていい、嘘をつくのももっともだ」と目で語りかけてくれる人の表情で。私たちは新疆にいて、警察がすべての権利を行使するこの新疆では、愛する人を守るためには嘘をつかなければならないのだから。ここでは、嘘をつくという行為を責めることなどけっしてできない。結局、私は誰にも出くわさなかった。それでよかったのだ。

一時間、それとも二十分だったか、もう時間の感覚をなくしてしまったのでおぼえていないが、私たちはしばらくのあいだショッピングモールの通路をぶらぶらと歩いた。私たちが一軒、二軒、三軒と順々に店を物色する一方で、清掃員は真新しい通路のタイルにモップをていねいにかけていった。生地を見たり、香水のにおいをかいだり、凝った照明をながめたり、レジ係のやさしい声を聞いたりしているうちに、私は少しずつ、包みこまれるような幸福感にひたっていった。数時間後にあの住まいへ戻らなければならないことすら忘れてしまいそうだ。時間が過ぎていき、買物が終わった。通路を歩く買物客は五、六人ほどになっている。昼食をとる時間はまだ残っていた。私たちは通路に面したレストランのテーブルに席をとった。警官たちは大量に料理を注文した。買物をしたおかげで、私もおなかが空いている。私たちは食器に顔を近づけながら麵料理をかきこんだ。会話などするひまもないほど食べることに集中していた。私は警官たちが空腹を満たそうとするのをながめながら、こんなに奇妙なことは久しく経験したことがないと思った。七年前に家族に囲まれながら気楽に訪れたそのショッピングモールで、いま私は、きれいな洋服の包みを足下に置いて、警官たちと食事をともにしている。車に戻る途中、運転を担当する警官が煙草を一本吸った。それから私たちは帰路についた。

車は、監視下におかれた住まいのある界隈にさしかかった。住まいへと続く道だと私にもわかる。重たい空気が車のなかにただよいはじめる。きょう一日は夢のように過ぎた。警官たちはまた買物の機会があると私に約束した。「すぐではないが、またしばらくしたら」と言っていた。後部座席の薄暗がりのなか、さっそくはいた新しい靴が車のカーペットの上でぴかぴか光っている。木製のヒールも黒くペイントされている黒い革製のアンクルブーツ。靴紐がついていて、丸みを帯びたつま先が少し上に反った形をしているところが、とても女性的だ。グルフマールならきっとこの靴をエレガントだと思うだろう。明日電話でこの靴の話をしよう。

# 第22章

## 二〇一九年六月六日

二年半あまりの不在ののち、短時間とはいえじゅうぶん頻繁に電話をするようになったおかげで、私は少しずつ娘たちの母親としての立場を取り戻しつつあった。グルフマールは妊娠していた。少し前にケリムが感極まった声で知らせてくれたので、私はすぐ娘に電話をした。「赤ちゃんが生まれるときにはいっしょにいるわ。約束する」と、電話のときには必ずそばにいる警官たちの目の前で、私は言いきった。一生のトラウマになりそうな、私の人生における混乱状態のなかで、まるで挑発するかのように私が投げたこの短い言葉には、この九月に生まれる赤ちゃんと同じように一種の奇跡が存在していた。それは悲劇的なことが起ころうと、いつも変わらぬサイクルで続いていく人生の希望であり、中国の再教育収容所の敗北だ。中国は私がなにものであるか、つまり私がウイグル人女性であり、自由な女性であるということを明かすまいとしてきたが、最終的にそれはかなわなかった。そう遠くない日に、家族のなかで自分の居場所を取り戻すことができると思えるのはうれしかった。

ケリムとグルフマールのソーシャルネットワーク上の投稿が消えたことに満足した警察は、協力に報いるために、追加の自由を私に認めることにした。私はカラマイの中心部にある住まいに移され、三月以来、部屋も食事も散歩もともにしていた十一人の警官とそこで暮らすようになった。その機能的なマンションの雰囲気からは、いろいろな人に長いあいだ住み継がれてきたことが見てとれた。ある部屋には傷のついた椅子が、別の部屋には染みのあるマットレスや詰め物が抜けたクッションが残されている。私は入居するなり、この数年でやっと手に入れたこの新しい「自宅」の大掃除に着手した。そしてここ数日、自分の持ち家に住んでいるという甘い感覚にひたっている。ただしそれは、完全な自由のなかで暮らしているという感覚ではなく（私は自分を監視する十一人のために料理をしていた）、まがいものの自由が味わえる場所で生活しているという感覚だった。

今年のイード(1)は六月四日、つまり私が引っ越した直後にぶつかった。私は、警官たちといっしょにその日を祝うことになったが、そのことを考えるとおもしろくなかった。イードを家族以外の人々と過ごしたことはなかったからだ。けれども、ここでもまた、私に選択の余地はない。私は歯を食いしばりながら、非の打ちどころがないほどの従順さをよそおいつつ、その警察のお遊びにつきあうことにした。私は、このわかちあいの時のために家のなかを準備した。見かけだけでしかなくても、お祭り気分や喜びや友情に包まれた雰囲気を出そうとして、すべての部屋をせっせと手入れしたのだ。警官たちは、私が新鮮な野菜やおいしそうな肉で冷蔵庫を一杯にするのを見ながらうっとりしていた。その日は一日中、楽しげな空気がただよっていた。ここ数年で初めてのことだった。疲れてはいたが、客人たちが皿をきれいに平らげたのに満足した私は、この状況が絵空事だということすらほとんど忘れてしまっていた。

もてなし上手ということは、家族や友人がすぐに指摘してくれる私の長所だ。私はていねいに選んだ新鮮な食材で冷蔵庫をいっぱいにするのが好きだ。好んでメニューを考え、台所で何時間も作業する。ソーセージ状にしたラグマンの生地を手の下で転がし、いろんな方法でのばし、麺の形にする。箸を軽く入れるだけで骨から肉がほろりとはずれるようにラム肉をやわらかくするには、大きなココット鍋で午前中ずっと弱火で煮込まなければならない。それとは反対に、ニンジン、ピーマン、ジャガイモはいちばん最後に、熱湯で手際よく煮るようにする。料理をするには、私がこなしているほかの家事と同じように、根気と入念さが必要だ。私はどこもかしこも清潔にしておこうと心がけている。毎朝、真冬でも家のなかを換気し、カーテンやシーツを定期的に六〇度の湯で洗濯し、ブラウスやズボン、ベッドリネンにアイロンをかける。どんなしわも見のがさない。

収容所生活では、授業で暗記を強制され、グロテスクな軍隊風の行進をし、木製かセメント製の寝床で眠る前に、まず私たちは人格を奪われる。汚らしいつなぎと布製の黒い上靴を身につけると、どの女性収容者も似かよった存在になる。私たちはその瞬間から、名前ではなく通し番号で呼ばれるようになる。心が弱っていく。再教育収容所でも留置場でも、私たちは服従することによって自分の好みや感情を押し殺すことになる。かつて自分を自分らしくしていたことについて話したり書いたりすることも、ほかの人と違う服を着たり違うものを食べたりすることも禁じられる。同じ寝台の上で眠り、同じ粗末な食事をかきこむ。収容所のシステムは、生活に結びついていたものを次々に奪うことで、私たちの個性を消し去る。そして、私たちの頭のなかをからっぽにしたあと、そこに不健全なプロパガンダを注いでいく。私たちは共産党をたたえる同じ言葉を何度もくり返す。プロパガンダづけになりながら、私たちは同じ熱心さで自分の再教育に励み、しだいに自分のアイデンティティを失っていく。みんなが一様に壊れていき、しまいには肉体的にも精神的にも似たり寄ったりになる。無気力で何も感じない、中身がからっぽの亡霊だ。そのころには私たちは人間ではなくなり、死者同然になる。

それだけに、イードの一日が始まり、リビングルームの大きなティーテーブルの上に箸やお茶用のグラス、煮込み料理を取り分けるための深皿をならべながら、汚れひとつないこの部屋をざっと見わたしたとき、この新しい住まいによって、自分がかつての生活を取り戻したことを肌で感じたのだった。私はやっとのことで、収容所に入れられる前のグルバハールに戻りつつあった。

# 第23章

二〇一九年六月二二日

新疆では真実が耳に入ってこない。収容所にいた人々はそのことを知っている。中国の留置場か再教育収容所に数カ月、ときには数年埋もれさせられたあとでは、真実を語ることはできない。自由の身であっても警察の支配下で生きている者に対しては、語ることができない。収容されたことのある人々は、相手を愛していても、不安を感じるだろう。そして自分たちの生活のことが気にかかるようになるだろう。

収容所の存在は、私たちがそれを話題にしなくても会話のうえにただよう。エピソードやせりふのふとした機会に収容所という言葉が口にされても、質問をする者はいない。そんなときはみんな黙ってしまう。聞かなかったふりをするのだ。こうして収容所は伝説のようなもの、誰もが小声で断片的に語る恐ろしい話でありつづける。収容所の存在はみんなが知っている。誰にでも、そこに入れられた知り合いがいる。それでもやはり収容所の話はしない。話題にしなければ、その存在におびえなくてすむからだ。

そんなふうに、私たちは小さな嘘やちょっとした言い落としを積み重ねて、互いを守っている。以前は、ケリムとグルフマールへの電話で真実を言わないことには抵抗があった。しかしいまは、時の流れによって、この不都合を取るに足らないこととみなすようになった。それは、カラマイでの自分の生活を形づくる不都合の海の、ほんの一滴にすぎなかった。それらの不都合をひとつひとつ数えると、自分の苦しみがおさまるどころか、いつまでも終わらないことに気づくのだった。

それでも、条件つきの自由を許された私は少しずつふだんの生活を取り戻した。私はお金を与えられ(1)、買物に出ることを許され、住まいをあてがわれた。ついこのあいだは化粧品を買い、それから美容室に行って、親切なスタイリストの手で都会的な女性の髪型にしてもらった。そういうちょっとしたことが重要だった。留置場にせよ収容所にせよ、いた場所に戻ることは考えられない。それで、不安を感じながらも、警官たちの策略を受け入れた。自由を許されれば許されるほど、愛する者たちに平気で嘘を言うことを強いられる。フランスにいて私の生活状況をまったく知らない家族にも、また数週間前からは新疆の母たちにも、そうしなくてはならないのだ。

そういうわけで、母や妹のネジマとマディーナに来てもらえるときは、私に何があったかも、グルジャやカラマイやウルムチの収容所に送られた知人たちのことも話題にしないほうが都合がよかった。

警官たちに忠告されるまでもなく、家族も私もその点はよくわかっている。マディーナは三十九日間にわたって拘束された経験を話さないだろう。ネジマは、息子が「学校」で足の骨を折られ、松葉杖をつく体になって戻ってきたことを口に出さないだろう。私は私で、内心の声に耳を傾けないようにするだろう。

思いがけなく再会できるというだけで私たちは満足だった。お茶を飲みながらの会話に嘘が混じるとしても、また、苦しみをいっさい口に出せないとしても、である。新疆ではふつうにできることが何もないのだから、ひどい経験をむし返してもしかたがない。それで、ここでは嘘を言うか沈黙するかしたほうがほんとうのことを言うよりいいのだと、私は納得しつつあった。みんなで天気の話でもしよう。そう思うだけで心がはずんだ。

家族が来ているあいだ、警官たちは部屋の外へ出るつもりだった。理由はおぼえていないが、警官たちは、監視下に置かれている私を母と妹たちに見せたくなかったのだ。それは、私の事案が国家レベルで難しい交渉の対象になっているからかもしれない。あるいは私がいま微妙な時期にあるので、周囲の人間に、私が明日にせよ半年後にせよフランスに帰国できることを知られてはまずいからかもしれない。または、マンションに住まわせての監視が例外的なもので、裁判官が下した再教育の判断に反しているからかもしれない。実際、私は再教育七年という宣告を受けたのに、いまは私服警官に付き添われて街を歩いている。不思議だ。

とにかく、ひとりだけで家族を迎えられるのは都合がいい。訪ねてきてくれるようマディーナに電話すると、大喜びしてくれた。「釈放されたのは知ってたわ！　カラマイで姉さんを見かけた人がいて、すぐに知らせてくれたの。自由になれたのね！」いや自由ではない、と言ったところで何になるだろう？　それに、新疆で自分がほんとうに自由だと言いきれるウイグル人がいるだろうか？　私は妹と喜びを分かちあった。家族の滞在中も警官の監視が続くとはいえ、それで私の喜びがなくなりはしない。なにしろ家族との再会なのだ。

人々の生活に厳しい監視が行きわたっている新疆では、どの街にも「地区委員会」がある。たいがいは建物の一階にある地区委員会の事務所にボランティアと公務員がいて、住民が役所の手続きをするときに同行する。彼らもその街に住んでいるから住民は好感を抱き、健康問題や定年後の生活や教育問題について警戒なしに彼らを頼る。だが実際には、この役人たちは地区で起こる出来事を警官に報告しなければならない。つまり地区委員会は、私たちを監視するたくさんのメカニズムのひとつなのだ。こうして、それぞれの建物の住民すべての姓名、年齢、職業が記録される。情報はファイルに保存され、住民がどこへ移動したか、誰を家に招いたかなどが検索できる。それで役人たちはたびたび不意の訪問をして手助けを申し出ることで、住民全員が例のファイルに登録されているか確かめるのである。住民ひとりひとりは「三、六、九の規則」にしたがって、自宅にいるあらゆる人物を申告しなければならない。「三、六、九の規則」とは、訪問があったとき住民が三時間以内に地区委員会に知らせ、地区委員会は六時間以内に地元の警察署に知らせ、警察署は九時間以内にその訪問者の連絡先をファイルに保存するというきまりのことだ。住民はひとり残らずこの義務を負っていて、「三、

六、九の規則」を守っている。

母と妹たちの訪問にも「三、六、九の規則」が適用されることは、私たちも知っていた。放っておくと、この訪問を極秘にしたがっている警官たちの思惑は台無しになる。それで警官たちは法の網をくぐって、地区委員会の役人に知らせないことに決めた。そんなことができるのだろうかと不安を感じたが、すぐにこう考え直した。「心配いらない。あの人たちは警官なのだから。どんな権利だってあるのだ」。そういうわけで、再会の予定を地区委員会に知らせる必要はなくなった。リーダー格の警官のイスライールが、空港に到着する母と妹たちを車でこのマンションまで連れてきてくれることになった。私服姿のイスライールは、知らない人が見たらタクシードライバーに見えることだろう。帰りも同じようにする。マンションに私がいることにも、母と妹たちが来たことにも、誰ひとり気づかないだろう。イスライールたちはドアを少し開けてみて、何もかも予定どおりに運んでいることを確かめるだろう。母やネジマやマディーナがドアを開けたとしても、ありきたりの身なりをした愛想のいい男たちを私の見張り番だとは思わないだろう。そして彼らを、警官ではなく、ありきたりの身なりをした愛想のいい地方委員会の役人と思いこんで、安心して質問に答えるだろう。彼らの手口にはつくづく恐怖を感じたが、家族に会えることがあまりにうれしいので、私は受け入れた。

私は残る一日で、へこんだマットレスを押し入れにしまい、流しにたまっている汚れた皿を片づけた。ごくふつうの小ぎれいな住まいにして母と妹たちを迎えたい。監視下にあることを感じさせるものが少しでもあってはならない。私たちは三日間いっしょに過ごす予定で、そのときが近づくにつれ、私は喜びと同時に興奮と激しい恐れも感じはじめた。そのように押し寄せてくる感情のおさえ方を、私は収容所での長い生活で失ったか、少なくとも忘れていたので、準備に精をだすことで気持ちを落ち着かせるようにした。

結局、私は三日間嘘をつき通してしまった。みんなが帰ったあとの部屋を歩きながら、マディーナの笑い声や、ソファーでうとうとする母の姿や、テレビがついている部屋でネジマが立ち働くようすを頭によみがえらせようとしてみる。もう誰もいない。みんな帰ってしまい、冷たい空気が、六月のたそがれの熱に包まれた室内に入りこむ。今度はいつみんなに会えるだろう?

最初に思いつきを口にしたのはネジマだった。着いた日の朝、彼女はこう言った。「滞在中ここで過ごさない?」マンションはとびきり快適というわけではないが、たしかに、この瞬間を楽しむのにわざわざ出かける必要はない。私たちはようやく再会し、母は長い移動で疲れて、体を休める必要があった。冷蔵庫には作りおきの料理がいくつもある。やかんで湯を沸かしてお茶をいれることもできる。何よりも、私たちには話すことがたくさんある。それでみんな迷うことなくネジマの提案に賛成した。こうして三日間、居間のソファーに腰かけて過ごすことになったのだった。

そのソファーで、私は日が傾いていくのを窓ごしに見つめている。いまになって、強いけだるさが襲ってきた。小ぎれいな私の監獄に家族を迎えて味わった喜びに匹敵するくらいのけだるさが。ベッドに入っても眠ることができない。頭のなかがひどくざわめき、いろいろな思いが湧いてきて悲しくなり、おなかのあたりがひきつった。母のすすり泣き、ネジマとマディーナが母を落ち着かせようとする声、そして私の嘘が頭のなかで聞こえる。

母と妹たちは、家族同士で訪問しあうときの気安さで私のマンションに落ち着いた。バスルームの棚に歯ブラシを、玄関マットに靴を置き、コートハンガーに暖色系のストールをかけるといったぐあいに。三人とも初めて来る場所なのに、すっかりくつろいでいるのを見ると、昔みんなで過ごした休暇がよみがえってくる。このマンションで、彼女たちは私が教える前からいろいろなものの置き場所を当ててしまう。調味料を戸棚から取り出し、ミントを探しあて、洗いたてのバスタオルをたたんである場所を難なく見つける。

ウイグル人のあいだでは、泊まりにきている人にいつまでいるつもりかと聞いて相手の機嫌をそこねるようなことはしない。相手がきょうだいか親戚か、あるいはまったく知らない人かで態度を変えることもない。その人は自分の家にいるように過ごすのだ。わざわざ、冷蔵庫にはじゅうぶん食糧があり、空いているベッドがあり、余分のシーツがありますよ、などとは言わない。客には好きなだけいてもらう。その家の主人にとって客をもてなすことは名誉だからだ。

そういうわけで、母とネジマとマディーナはここにいたいだけいられるものと考えていた。かつてカラマイ、ウルムチ、グルジャでそうだったように。今回はそれができないことに私はあわてた。警官たちとの約束で滞在は三日間と決めてある。再教育収容所と警察に奪われた時間を取り戻すのに、三日間というのは少なすぎて、まるで砂時計の砂が落ちるのを見るようだった。タスキンはしかつめらしい態度で私に言ったのだ。「あまり長居させてはいけないよ。いいね、グルバハール」。私はうなずいて見せながら、期限をつけないいつものもてなし方をどうやって断わろうかと考えていた。少しずつ、私は嘘を重ねて後戻りがきかなくなり、会話のふとした機会に妹たちを動揺させ、母を悲しませることになった。

私たちは一日じゅう盛んに話しあった。マディーナの羽目をはずした喜びようは私たちを笑わせた。ネジマは、北京で視聴率の高い番組にいとこが出演したときの画像をスマートフォンで見せた。母は、ケリムとグルフマールとグルニガールの最近の写真をハンドバッグから出してくれた。私は、沸騰している湯の火を止めに何度も小走りでキッチンへ行った。母と妹たちの話をほんのわずかでも聞きのがしたくなかった。ずっと会えずにいたのだから。

しかしやがて、再会の楽しさに影が落ちはじめた。母は、私が「学校」を出た三月に、なぜすぐ電話してここに呼ぶか、グルジャの実家に来るかしなかったのか、どうしてこんなに待たせたのか、理解ができないと言った。「それはね、やることがたくさんあったからよ。カラマイに家を見つけるのがとっても大変で、何カ月もホテルに泊まっていたの。用意が整うまでは呼べなかったのよ。準備万端で母さんを迎えたかったから」。私はそう答えたが、後ろめたさからくる動揺を隠しきれなかった。ネジマとマディーナは事情を察したようすで目配せを交わした。私が自由に話せないことをわかってくれたのだ。たぶんこの瞬間も、警官たちが会話に聞き耳を立てているだろう。

妹たちとちがって、母は再教育収容所のことをほとんど知らない。ほかの人たちと同じく定期的に警官の質問に答える義務はあっても、高齢に達しているために、また教養がそれほどあるわけではないために、深刻な問題とはあまり縁がないのだ。母はバイジャンタンの収容所に会いにきてくれたが、あの面会室はほんとうの姿を映さない魔法の鏡と同じだ。職員は面会客を丁重にもてなすようい つも気を配っているので、外から来る者には、壁の向こうの教室や居室で何が行われているかを推しはかるのは難しい。職員はまずコップ一杯の水を出し、相手の健康状態をたずねる。相手を笑わせるような話をすることもある。実際、母は警官の言葉に笑っていた。私が学校に収容されていることはわかっていたが、面会のときは、職員がたくみに親切さを装っていたせいで目をくらまされた。彼らの術中にはまってしまったのだ。こうして、私が疲れた顔をし、ほおがこけ、やつれた体つきになっていたのに、母には私の実際の生活が想像できなかった。質問もあまりしなかった。質問してくれたときは、私のほうがあいまいな答えしか返さなかった。母に実情を知られたくなかったからだ。新疆では、真実を知る者は必ず危険にさらされる。

ここに着いたとき、母は私について「とくに具合が悪そうでもない」、「元気そうだ」という印象を持った。そしてそれ以来、前に言ったことをくり返すのだ。もっと早く電話をくれるべきだったと。「どうして会いにきてくれなかったの?」とも言った。気を悪くしていただけでなく、傷ついていた。私はソファーに沈みこみながら罪悪感にさいなまれた。ネジマとマディーナが私の気まずい思いを察して話題を変えてくれた。だが母は意地になっていた。「電話くらいできたはずよ。水くさいじゃないか」

いざ家族の滞在が始まると、警官たちと決めた約束が頭を離れなくなった。家族との会話で私は板ばさみの状態に陥った。無頓着な気持ちと申しわけない思いのあいだを私は揺れ動いた。本来の自分が消えうせて、嘘で身を固めた自分に席をゆずっている。ケリムやグルフマールやグルニガールの近況を母が話してくれても、それを心から楽しむことができない。というのも、警官から告げられた言葉をすぐに思い出したからだ。「あなたが罰せられたのは、ケリムとグルフマールが何かとても重大なことをしたからだということを、お母さんと妹さんに必ず伝えなさい。あのふたりはフランスウイグル協会の活動に参加した。それであなたは学校へ送られたんだ。お母さんはそのことをあなたの夫と娘に説明しなければならない。グルフマールに対して毅然とした態度で、二度とデモに参加しないよう強く言ってもらわないといけない」。警官はそう念を押したのだ。

それで、スウェーデンの夫の実家にいたグルフマールに電話したとき、警官から伝えるよう命じられていたことを言ってくれるよう、母に頼んだ。母は動じることなく役目を果たしてくれた。母は私が警官と共謀していることに気づいていないのだと思う。私が自由の身だと考えているのだが、それは、そうでないと思わせるものが何もないからだ。私はカラマイのマンションにひとりで暮らし、にこやかな地区委員を除いて、生活について説明しなければならない相手はいないように母には見えた。自分がこの巧妙な芝居に加わっているのは恐ろしいことだ。私は心のなかで悲鳴をあげていた。

とうとう帰る日になり、母の無理解が頂点に達した。「どういうこと？　ここにいてはいけないいの？　そんなのありえないよ！」母は不安に満ちた目で私たち三人を見つめた。そしてほんとうの答えを待っていた。私は警官から耳打ちされた言葉をただくり返すしかなかった。「ごめんなさい。でもカラマイではやることがたくさんあるの。別の家を探さないといけないのよ。手続きを終わらせに会社へも行かなくちゃならないし。ほんとうにごめんなさい。これ以上いてもらうわけにはいかないのよ」。ネジマとマディーナは荷物をまとめはじめた。ハンガーからロングワンピースをはずし、玄関に置いてあった靴を取り、キッチンのホワイトボードの文字を雑巾で消した。妹たちには、この家を出なければならないこと、もうすぐ私を監視する男たちか女たちが、つまり警官がここにやってくることがわかっていた。それでふたりは、複雑な気持ちでいる私の前で淡々と出発のしたくを続けた。ネジマは何も言わずに母の持ちものを鞄に詰めた。母は涙を浮かべ、「ほんとにわけがわからない」と言いながら泣きはじめた。荷物をまとめ終えると、私たちはドアを閉めて空港へ向かった。母は空港に着いて私を抱きしめ、エスカレーターに乗って群衆のなかに消えるまでずっと泣きつづけていた。

空港から戻ってベッドに横になると、静けさのなか、間隔をおいて街のざわめきが聞こえてくる。クラクション、何台かの車のエンジン音。遠くから中国語の話し声が届く。私の疲れきった顔を見て、警官たちは特別に休みをのばしてくれた。今夜は私ひとりにしておいてくれるという。こんなふうに過ごすのは久しぶりだ。警官も、同室の収容者も、妹たちもいない。母もいない。母の泣き声はまだ耳に残っていたが、遠いこだまのように小さくなり、やがて体の力が抜けてきた。もう眠ったほうがいい。

# 第24章

二〇一九年八月一三日

夏の暑さが続くせいで日が長く感じられるようになった。近所の住民たちは冷房のきいた家のなかにこもっていた。母と妹たちが帰って、もとどおりの生活を再開することになった。カラマイに住むほかの人たちと同じように市場や食料品店、美容室やレストランへ行ったが、以前の喜びを感じることはできなかった。この生活で、街で私を見かける昔からの知人はだませるかもしれないが、自分の心はだませない。台所仕事、掃除、買物は、じりじりするような期待をまぎらす手段になっていた。

自分が何を期待しているのかわからなかったものの、警官たちのちょっとした仕草や言葉から、何かが終わるきざしを感じとれるかもしれないと思った。私は毎日、注意を研ぎすました。警官たちが話しているときは、何かつかめるのではないかと聞き耳を立てた。それがありがたい情報であろうと逆であろうと、とにかく情報がほしかった。そんなとき、彼らが私の「事案」の終結を熱っぽく語りはじめたので、もしかするとまもなく自由になれるかもしれないと私は考えた。警官と私とのぱっとしない生活のはるか上のほうで、フランスと中国との交渉が具体的に進んでいるようだった。警官のひとりは「もうすぐ終わるよ、グルバハール」とささやいた。しかしいつものように、その「終わり」の根拠が何なのかを説明するのはまずいと判断していた。私は新疆で警察に監視されながら暮らすのか？　それともフランスに帰れるのか？　帰れるとは思えなかった。グルフマールは予定日が近づいていて、秋の初めには出産するだろう。もしかするともっと早いかもしれない。ほんとうを言うと私にはそのことがうまく想像できない。私はいわば非現実の時空間のなかで暮らしているからだ。いったいいつまでこの偽りの生活を続けさせるつもりだろう？　自由になれる日は近いと警官たちにいくら言われても、私には何もわからない。何ひとつわからないのだ。わかっているのは自分が自由でないことだけだ。

　私は引っ越しが認められ、今度は自分で選んだマンションに住むことになった。それは中心街にあるふた部屋の賃貸だが、いまはほとんどの家主がウイグル人に貸したがらないので見つけるのがたいへんだった。七月五日に契約を結ぶことになっていたが、その日はすべてがひっくり返った。生活の一部が落ち着きを取り戻すと、別の一部がきまって揺らぐ。この監視付きの住まいを引き払って快適なマンションに移り、手にした自由をおそるおそる味わおうとしたそのとき、マディーナから電話がかかってきた。母が脳梗塞で倒れたという。いま危篤状態にあって、グルジャの病院の集中治療室にいる。マディーナは長電話を避けた。すぐ出発の準備をし、きょうのうちに病院へ行くとだけ言った。ネジマと男きょうだいたちはもう病院にいるという。私も必要な持ちものをまとめ、急いでグルジャ行きの第一便を予約した。私から事情を聞いたイスライールは「わかった。行ってもいいよ。ただし私が付き添う」と答えた。彼は次の便を予約した。そして空港で警察の長時間の検査を受けずに移動できるようにすると言ってくれた。立場上、そのやり方をよく知っているという。でも私にはわかっている。彼が同行するのは私を守るためではなく、監視するためなのだ。

しかしいまは、警察の監視を気にしている余裕はない。母の病気には、カラマイでの監視付き生活の終わりを早める面もあった。あえて言えば、この不幸な偶然の「おかげで」、出発の準備と、飛行機への搭乗と、ほとんど自由な移動ができるのだ。私は気が沈み、後ろめたい悲しさに心をさいなまれながら、電源を入れたスマートフォンをバッグに入れた。警察といつでも連絡がとれるようにするためだった。間に合うことだけを願っていた。

グルジャの実家での滞在が始まった。もうひとつのイード(1)である羊祭りが数日前に終わった。グルジャでは風変わりな数週間を過ごしたところだ。私はようやく少しばかり休息を味わい、なつかしい部屋や家具に囲まれて、ときおり何か落ち着かない郷愁にとらわれた。その気持ちを表すのに、フランスでは「胸がふさがる」という表現がある。そう、私は胸がふさがっていた。それはおそらく、きょうだいたちがこの家を出てしまったことからきている。みんな行ってしまい、もう顔を見ることはできないだろう。それはわかっている。あのさよならは、もう会えないという意味だ。そう思うとあまりに苦しくて、まだどんな感情も抱くことができずにいる。私は棚にある凝った作りの置物や、壁にかけてあるウイグルの手織りの布や、床のじゅうたんに視線をさまよわせた。母は一命をとりとめた。二週間後には左足が、次いで手が動いた。後遺症は残るらしいが、昏睡から覚めて意識を取り戻し、私たち子どものもとへ戻ってきてくれたのはほんとうにうれしかった。いまでは母は一日の大部分を休養することに使い、ネジマと私はその休養を盛り上げている。イード・アル＝アドハーのはなやいだ日々が終わってからは母の健康の回復を乱すものはないのだが、私のスマートフォンだけは日に何度も振動した。ポケットの奥で振動音がすると、私は自分の義務に引き戻される。イスライールが連絡をとろうとしているのだ。解放のときが迫っていた。数日後か、長くても数週間後には自由になれる。このときを待ち望んでいたのに、自分がうれしく思っているかどうか私には言うことができない。これまでの出来事をあらためて思い浮かべようとすると、あの狂おしい七月がいっそうあざやかに思い出される。当時味わったとまどい、疑問、安らぎとともに。

七月のなかばだった。母は病院で闘病を続けていた。ネジマ、マディーナやほかの人々とともに、私たちは昼間母の枕元で過ごし、眠る母を見守った。私は男きょうだいたちに再会できるとは思っていなかった。しかし家族の試練は、再会の機会でもあった。それをためらわずに活用して、私たちは支え合いながら一日を過ごし、病院の噴水の前で人生を語り、患者の世話に忙しい看護師たちの伏し目がちなまなざしの前で肩を抱きあった。集中治療室の窓から母の姿を見るとき以外は、みんな疲れて廊下の壁に身をもたせかけた。そこにもたれかかっているうちに脚の力が抜けて、タイルの床にすわりこむのだった。医師たちは母が助かると見ているようだった。いずれよくなるから「もう少しの辛抱」だと私たちに言った。近くでは、一種独特の男性患者が松葉杖をつきながら歩いている。肌が青白く、長いあいだ外光を奪われてまぶたのなかで目が縮んでいるような、その患者たちのぎこちない歩き方に、私は見覚えがあった。収容所に長期間いるとああいう歩き方になるのだ。何日も何週間も鎖につながれると、すねの骨が衰え、足首がはれ、足はねじれた形になってしまう。患者のなかには、収容所の青い制服を着ている者もいた。やがて、思ったとおりだったことが確認できた。そのような患者のひとりで、五十代くらいの男性を何日も見ていたあと、思いきって話しかけたのだ。男性は小声でこう答えた。「ええ、収容所にいました。ここには収容所から戻った者がおおぜいいます」

母の入院中、イスライールはグルジャのホテルに部屋をとった。彼は病院の庭のベンチから毎日私の監視を続けていた。私はおもに廊下とそのベンチで過ごした。きょうだいたちは私のそばに警官がいることをまったく知らず、私が電話の指示でその警官に会っていることも知らなかった。会う方法は決まっていた。スマートフォンに彼からの着信を見つけると、すぐ庭に駆けつける。カラマイに母と妹たちが来たときにとったのと同じ裏表のある態度を、私は病院でとっていた。彼から電話があると会いにいくのだ。

彼は私に対して驚くほど親切になった。私の事案が「進展」すればするほど彼はあれこれと気を配ってくれるようになり、互いを隔てる壁が消えていった。まるで私が急にテロリストではなくなり、かわりに保護すべき人物になったようだった。見張っているが、大切な相手なので見守ってもいる。

それで私は、警官たちにとっては、見張ることと見守ることは紙一重なのだとわかった。はるか遠くの静かな事務室でなされている交渉の魔法によって、彼の思いやりは日ごとに増していった。憎き敵であり、私を虐待する側の人間である彼が、いまでは私の個人的な苦しみを気にかけてくれている。彼の人脈のおかげで、私たちは母の急病を乗りこえるのがかなり楽になった。彼は母が倒れたことをグルジャの警察に伝え、警察はすぐに病院の幹部と会って、信頼できる医師が治療にあたるようにした。私は彼に母の容体を知らせ、彼のほうは、ケリムとグルフマールが生死の境をさまよう母の状態を私から聞きたがっていることを伝えてくれた。ふたりには電話で「もう少しでよくなります」と言って安心させたという。彼は私の事案を最後まで担当するつもりで、早く自由の身になってほしいと願っていて、変な言い方だが、私は彼の気づかわしげな目にやさしさしか見ることができなかった。彼のような仕事の人間からこれまでひどい仕打ちを受けてきたあとで、これほどの思いやりを示されるのは、理解できないことだった。

再教育収容所では、まぶしい蛍光灯に照らされ、似たような授業、食事、行進の練習を続けさせられるうちに、時間の感覚がなくなっていく。私は二年間、することもなければ会う人もいない混沌とした拘留の日々に沈んでいた。時間がたつのも、月日が過ぎるのも忘れていた。壁の外では、自分の事案があまりに多くの警察関係者のあいだを行ったり来たりしてきたので、もう解決をあきらめていた。イスライールにとってもやはり時間は、カラマイ警察署の手続きの多さによって止まっているような状況だった。やがて、なぜかはわからないが、急に時間が動きだした。時間の感覚を何年もなくしていた私を、警官たちがせきたてた。まず、数カ月のあいだ監視付きのマンションに住まわせた。そして母が回復するまで、条件付きで自由を認めた。母が退院し、その四日後にイスライールの宿泊先に呼ばれると、まだ先と思っていた解放のときがあと数日というところまで近づいているのがわかった。協力すればするほど、私の事案は早くかたづくらしかった。死だけが期待に対する結末と思われていた不確かな生活から、あわただしく落ち着かない生活に変わったのだ。私は手続き上のマラソンのスタートを切ったところで、走りきればフランスに戻れるはずだった。

私の知らない何人もの警官がいるホテルの部屋で、イスライールは新しい証言を書くよう求めてきた。またか！　ということはこの芝居に終わりはないのか？　すでに三月に動画を撮られたのだが、イスライールによると「公式の弁明書」が必要なのだという。指示にしたがうと、警官のひとりが弁明書をつかんで私の関係書類に添えた。書類に記された二〇一九年三月一一日という日付は、私が自分の非を認める動画を撮られた日だった。おかしいと思った。この日付の理由はいまもわからない。しかし警官たちはこのときも、細かい点にこだわる時間を与えてはくれなかった。彼らは関係書類を完成し、私をカラマイに連れ戻さなければならないのだ。私は家族に別れを告げ、イード・アル＝アドハーが始まる八月にまた来ると約束した。

七月の末だった。飛行機を降りると、カラマイは猛暑のなかでまどろんでいた。このときから現実離れした数日が始まった。マンションに着くとすぐ、警官たちから荷物をまとめるよう指示された。私は中心街のホテルに移ったが、バッグの中身を出すことさえしなかった。バッグを開けたままベッドのかたわらに置きっぱなしにし、眠りについた。シーツにほとんどしわが寄らないほど少ししか眠れなかった。ここに短期間しかいられないことはわかっていた。それが確信できたのは、タスキンが私を旅券事務所に連れていこうとしていたからだ。旅券事務所に行くという考えは頭のなかを駆けめぐり、心臓の鼓動が早くなったが、私にそれを知らせた彼は声を強めることもなく、この手続きに特別なことが何もないかのような態度だった。パスポートが手に入る！　何週間かすれば、この国を離れることができる！　私には新しいパスポートが必要だった。(2) タスキンは、私が「ただちに」パスポートを入手できるよう個人的に力を貸し、「仲介者を動かす」とうけあった。彼の高い地位をもってすれば、いつ終わるともしれない新疆での複雑な手続きをうまく切り抜けられるだろうという。私はびっくりした。実際、二、三日のうちに、手ごわい役所の扉が驚くほど簡単に開いたのだ。窓口の男性は、私が何月何日に帰国したいのかを知ろうとした。私は意向を聞かれた。別の職員はグルフマールの予定日をたずねてきた。そして、若い女性は予定日より早く出産することが多いから「余裕をもって」着いたほうがいいと言った。「旅券事務所は善処しますよ」と付け加えるほどの親切さだった。ああ、ほんとうに家へ帰れるのだ。私の解放と――口に出すことさえできずにいた――帰宅を舞台裏で後押ししてくれた人物は、いったい誰なのだろう？　グルフマールとケリムか？　フランスか？フランス……さあ、もうすぐフランスへ帰るのだ。

　この二年半あまり、まわりにいた警官、監視員、教官、担当者《チューター》は、中国の再教育計画のよりどころとなる途方もない嘘を私に信じさせようとしてきた。つまりウイグル人はテロリストで、したがって、フランスに亡命したウイグル人の家族を持つ私もテロリストだと。私はプロパガンダを延々とたたきこまれ、歳月がたつにつれて考える能力が鈍っていった。初めは留置場、次いで再教育収容所で、心がこわれ、砕け散った。ばらばらになった心はもう回復しないだろう。

警官の暴力の前に私は屈した。心にもない自白をするほどまでに屈した。罪を認めるのが早ければ早いほどここから早く出られる、と聞かされていた。疲れはてたすえ、私はその言葉を信じた。その役割を受け入れたのは、無意味な再教育にしたがう境遇のなかで、ほかの出口が何もなかったからだ。まったく逆の考えを持っていたとしても、洗脳にいつまでも抵抗しつづけることはできない。いったんこちらが誇りをもって戦い終えると、その時点から洗脳が働きはじめる。何もする気がしなくなり、感情の動きが鈍くなる。そのとき残されている道は何か？　苦しみながらゆっくり死に近づいていくか、服従するかだ。しかし、服従を「演じる」なら、つまり警官たちの心理的な力に屈したふりをするなら、正常な意識の働きを保つことができ、自分が誰かを忘れないでいられる。彼らは私が心から罪を悔いていると思う。私は、自分が言わされる言葉を一度も信じたことがない。ただ、にわか女優をやってみただけだ。警察はきわめて巧みに人をあやつるから、解放されたいま、とくにそのことを言いたい。私はまわりの収容者がおおぜい警察に屈するのを見てきた。

こうして、精神をしなわせて無敵の盾のように使うことで、私は真実をけっして忘れずにすんだ。私は潔白だ。私が中国にどれほど悪いことをしてきたかタスキンに言いつのられて、認めはした。この強い絶望のとき、私は、ウイグル人を根絶するというとてつもない陰謀の標的になっている以上、自分の潔白によって相手に勝つ可能性はないが、この潔白を奪われることはないと知っていた。タスキンも、警官も、誰であっても、潔白を疑わせることは私が死ぬまでできないだろう。

八月二日の正午少し前、ごく少人数の立ち会い人の前で、カラマイの裁判官が私に無罪を言いわたした。罪をくり返し認め、パスポートの発給を求めたあとで、解放の最後の段階である裁判を、ほんとうの裁判を迎えたのだった。裁判官の言葉は覚えていない。じつを言うと、まともに耳を傾けていなかったからだ。私はよそ者として判決を受けていた。裁判官は私の登録番号、私に対する証拠をひとつひとつ挙げ、それから私は吹き飛ばされたようになった。私はもうそこにいなかった。無重力で宙に浮き、意識はもうろうとしていた。無実を訴えたあらゆる場面や、信じてくれる人が誰もいないことに怒りがこみあげて何度も寝返りをうった夜が思い出された。それから、相手の糾弾を受け入れた場面、罪を認めた場面がよみがえり、自分が口にした嘘のすべてが走馬灯のように浮かんできた。

まわりでは警官たちの姿が動きまわっていた。そのうちのひとりが教えてくれた。「聞いたか？無罪の判決だよ。これで自由になれる」。私は彼を見たが、笑顔は返さなかった。初め私は再教育七年の判決を受けた。体はみじめな状態に、心は正気を失う寸前のところまで引きずっていかれた。そして三年近い調査のすえ、中国当局は結論をくつがえした。関係書類に目を通した裁判官は、実際には私は無罪だと言ったのだ。事実が認められるまで三年近くもかかったことを私は許せないし、この経緯によって自分が受けていた誤解がいっそうばかげたものに思える。七年の収容所生活によって「罪」をつぐなう義務があると告げながら、その後、平然とした口調で無罪だと言ってのけるあの愚か者たちはいったい誰なのか。私は謝罪の言葉も聞かなかったし、奪われた三年間、女とは呼べない存在に追いこまれた三年間の埋め合わせとなる何らかの賠償への言及もなかった。そうしたことは何ひとつ聞かなかった。裁判官は書類をまとめ、部屋にいた全員が立ち上がった。椅子の脚が床をこする音がひびいた。それで終わりだった。そんなぐあいに、誰も関心を持たないまま私の苦難が閉じられた。彼らには次の裁判があるというわけだ。私は判決にぼうぜんとして、部屋の真ん中にすわったままでいた。裁判によって私の条件付きの自由は終わった。ようやく、私はほんとうに自由になった。

　パスポートはまもなく届くはずだ。イスライールとタスキンから電話があるたびに、その知らせではないかと期待してしまう。また、スマートフォンに知らない連絡先からメールが来るのではないかと思ったりする。パスポートが手に入ったら幸福感で満たされるはずだが、実際はむしろ反対だ。私には、母や妹たちや母国にもうすぐ別れを告げなければならないとはどうしても考えられなかった。この国にはもう二度と戻らないだろう。母は寝室で、目をなかば閉じてうとうとしている。見ると、しわの刻まれた顔には深い悲しみがうかがえる。母は、親子で過ごすこのひとときが数日後に終わることを知っているのだ。私たちはもう会うことはない。私は明日アルタイへ出発し、ケリムの実家に数日ほど滞在する。二〇一七年一月に逮捕されてからは初めて、義理の両親を訪問することになる。そして、母とネジマに別れを告げにここへ戻る。それからウルムチに移り、フランス行きの飛行機を予約する。マディーナが空港まで送ってくれるはずで、私たちはしっかりと抱きしめあうことだろう。そして私は新疆を離れ、永遠に戻らない。

# 第25章

二〇一九年八月二一日

一七時四〇分。あと十五分で夫と娘たちのもとに帰れる。「みなさま、座席にお戻りになり、シートベルトをお締めください。当機はまもなく着陸いたします」。まわりでは客室乗務員が静かに座席を見てまわっている。新聞をたたむ音とテーブルをもとに戻す音が、シートベルトを締める音にまじりあう。窓からは、黒々とした森、曲線を描いてのびる道が見える。上空から見下ろすと、道の両側に広がる畑が黄色と緑のあざやかな色をしている。車が虫のように小さい。

私は少し前に客室乗務員からもらったプラスチックのコップをつぶした。側面にまだしずくが残っている。座席にしっかりすわり直した。さあ、もうすぐだ。不思議なものだ。この瞬間にはほっとする気持ちが全身にこみあげると思っていたのに、そうでもない。飛行機はゆっくりと高度を下げ、気圧の変化で耳がつまった感じがするなかで、私はフランスに降り立つまでの——ケリム、グルフマール、グルニガールに再会するまでの——数分間に身をゆだねた。昨夜は、言うべきことと言わずにおくべきことをじっくり考えた。自分の経験を何度も頭のなかでふり返ったせいで、ろくに眠れなかった。腕時計に目をやる。一七時四二分。私たちはどんな言葉をかわすだろう。会ったとき、誰が口をきるだろう。私はひざの力が抜けてすわりこんでしまうだろうか。いちばんいいのはおそらく、冷静なふりをすることだ。きっとケリムが場をなごませてくれる。彼はそのあたりを心得ている。そうだ、たぶんふつうの再会だと思わなければいけないのだ。これまでの苦しみがすべて悪い夢だったと思わなければ。目覚めてしばらくは、のどがしめつけられるのを感じながらシーツの上にすわり、つきまとっていた恐ろしいものを思い出そうとするがどうしても思い出せない、そうした悪夢のひとつだったと思わなければ。

抱きしめあったら泣いてしまうのはまちがいない。泣きたくはない。少しくらい誇りを持とう。もっとあとで、人に見られないところで気持ちを表に出せばいい。

客室乗務員が通路を静かに歩き、乗客のシートベルトをチェックしている。私は腕時計の秒針の動きに目をやる。それが妙に遅く感じる。じっとしていられない気持ちになる。みんなは私をどう思うだろう。私はくたびれた髪を、そしてほおの褐色のあざをさわってみる。グルバハール、みんなは何も気にしないよ。あなたに会えてうれしい、それがすべてよ。一七時四三分。時計の針はなかなか進んでくれない。グルフマールは電話で何もかも説明してくれた。グルフマールとフランス外務省は、細かい点を除いて私の帰国をしっかりと準備してきた。だから問題が起こる心配はないという。途中で着陸したアスターナ〔現・ヌルスルタン〕では、カザフスタンのフランス大使館から派遣された女性職員が、乗り継ぎのあいだ私を見守っていた。その職員に会ったというわけではないが、彼女は飛行機を降りる乗客のなかにまぎれてそこにいたらしい。目が合った人のうちの誰かが彼女だったのだろう。

飛行機がカザフスタンを離陸すると、ほっとする気持ちが初めて体じゅうに広がった。それでも家族に再会するまでは、完全に自由とはいえない。私はあらためて、身をかがめてほかの乗客に目をこらし、タスキンの配下の警官がいないか探してみた。もしかするとタスキンはフランスまで私のあとをつけさせるかもしれない。もしかすると誰かが突然立ち上がり、こう話しかけてくるかもしれない。「グルバハール・ハイティワジさんですか? まだ聞きたいことがあるのでご同行願います」。そんな想像がつきまとって離れない。肘かけにつかまって首をのばし、後ろを、次いで前を見やった。だいじょうぶ、私を食い入るように見つめている乗客はいない。私が誰か知っている人はいないようだ。うとうとしている乗客と、眠りから覚めてじっとしている乗客しかいない。一七時四五分。私は座席に深くすわり直した。

家族はきっと、私を前と変わったと思うだろう。ばらばらになった私の心のかけらは、別れを告げた母の腕のなかに、そして空港まで見送ってくれたマディーナの腕のなかにある。バイジャンタンの再教育収容所の冷たい廊下には、別のかけらがいまもさまよっている。私が裁かれた法廷では、いまごろほかの無実の女たちが有罪判決を受けていることだろう。これからは何もかも、以前のようにはいかないのだ。故郷を支配している異様な状態は、これまで送っていた静かな生活から私を永遠に引きはなした。私は以前の私ではないから、家族は私を見てもすぐにはわからないだろう。あの数えきれない出来事、疲れきった収容者たち、プロパガンダに感化された警官たち、容赦なく抑圧されたあげく男としての、女としての自尊心を失ってしまった人たち。それを忘れることなどできるだろうか？

急に飛行機が揺れて、私はわれに返った。一七時五四分。着陸したのだ。窓の外では、シャルル・ド・ゴール空港の滑走路が日射しに輝いている。客室乗務員がまず中国語で、次にフランス語でアナウンスした。私はつばを飲みこみ、汗ばんだ手をスラックスでふいた。家族と無事に再会できたら、そのあと自分の経験をどう語りはじめればいいだろう？「三年前、私はとらわれの身となった……」。いや、ちがう。「私は再教育収容所に閉じこめられた」。これもだめだ。重すぎるし、どこかよそよそしい。「私に何があったかお聞かせしましょうか」。そう、自分の経験をこんなふうに語りはじめるのがいいかもしれない。

でもそれはあとまわしにしよう。いまはもう、言いたいこともしたいこともない。考えることといえば、飛行機と空港をつなぐそれほど長くない通路の向こう側で待っていてくれる、家族のなつかしい顔のことだけだ。私は無言の乗客たちにまじって早足になる。走りだしたくなる。

# エピローグ

## 二〇二一年一月

何秒か沈黙が続いたあと、グルバハールはいつもの表示が出ているのに気づいた。それは、母と妹たちとの《フェイスタイム》〔アップル社のデバイス同士でテレビ電話ができる機能〕での会話がまもなく終わることを知らせていた。家族のひとりが気まずそうに「じゃあ、そろそろ切るわね」と言う。ブーローニュの家の白いソファーで孫のラファエルをひざに乗せているグルバハールはうなずき、ソファーの上で居ずまいを正す。画面のなかのなつかしい顔をなおしばらく見つめ、それからラファエルの小さなふっくらした手をとっていっしょにさよならする。「それじゃ、さよなら。また来週ね」。ラファエルが無邪気な笑い声を上げ、グルバハールは少しほっとする。

彼女の母とネジマとマディーナは元気に過ごしている。少なくとも、グルバハールがフランスに帰国してから週に一度連絡すると、元気だという答えが返ってくる。ただ、会話が長く続くことはない。会話が長引くと、話題がなくなってしまうおそれがある。カラマイでは以前と同様、みんなが沈黙を守っているからだ。母も妹たちも、新疆で警察による取り調べが増えていること、まわりの人たちがいまもおおぜい収容所に送られていることを言うわけにはいかない。甥が松葉杖を使って歩くようになったとか、別の親戚の健康状態が思わしくないとかいう話を聞いて、事情を察するのだ。グルバハールは隠されたメッセージを読みとることができる。また、何について黙っているべきか推察できるようになったが、それはまちがいなく家族との会話が盗聴されているからだ。それで四人とも、あたりさわりのない話、日常生活の取るに足りない話題に甘んじている。

グルバハールはスマートフォンのケースを閉じて、ラファエルのほおに音を立ててキスすると、ベビーサークルのなかにすわらせた。そして自分の用事に戻った。週末の家では、ケリムとグルフマールとグルニガールも昼食のあとの時間をそれぞれの仕事にあて、どの部屋も青白い光のなかでまどろんだようになる。家のなかでせっせと働くと頭もはっきりするのだが、ときおり急に全身の力が抜けることがある。よく眠れず、睡眠時間が短いために、体のだるさをいつも感じている。視力がずいぶん落ちて、ひどい頭痛がし、話の途中で先が続けられなくなることがある。バイジャンタンの収容所の、あの明るすぎる蛍光灯のせいだ。自分の体験記の存在を中国当局が知ったら母と妹たちはどうなるだろうと、数週間前から気になっている。彼女はふたたびスマートフォンを取りだし、《WeChat》のやりとりを不安なまなざしで読んでから、マディーナとネジマにメッセージを送る。「順調にいっていることと思います。近いうちにまたテレビ電話でね」。自由になったものの、グルバハールはなお、妹たちが自分の連絡に答えなくなるのではないかという恐怖を克服できないまま暮らしている。そうなることを考えると胃がひきつるように痛む。

アイヌールはどうしただろう？　ディルヌール、アルミラ、ザヒーダ、そして収容所で生活をともにした女たちみんなはどうなったのだろう？　《WeChat》と《TikTok》に知人が投稿した動画に目を通しながらグルバハールは調べつづけているが、手がかりはない。みんなまるで蒸発したように消えてしまった。ある日偶然、バイジャンタンの収容所でいっしょだったカザフ系の女性の手がかりが見つかった。グルバハールは手紙を書いた。「お久しぶりです。元気ですか。私は九番の収容者です」。しかし返事はなかった。その女性が鏡の国に身を置いているいま、グルバハールは明白な事実に気づいて震えあがった。新疆はこれまで以上に自らを閉ざし、まるでブラックホールのように、収容所に送られる前にはまだ接触できていた親しい人たちを吸いこんでしまう。グルバハールは落ち着きを取り戻そうと、帰国して二カ月後に外務省の職員が電話番号を教えてくれたことを思い出す。「何かよくない兆候や身の危険を感じたら、いつでも電話してください」と職員は言った。そのことをグルバハールは忘れていない。母やネジマやマディーナに送ったメッセージにいつまでも返事が来なかったら、ためらうことなく電話するつもりでいる。

現在、グルバハールは自分の生活についてはもう心配していない。買物に出かけると、ときおり以前の習慣で肩ごしに後ろを見て、つけられていないか確かめることはあるが、危険を感じたこともなければ誰かに脅されそうになったこともない。これまでのところ、家族をまじえた穏やかな日常生活を何者かがじゃまするような気配はない。ブーローニュの家で彼女は、姿を消したときぽっかりあけた場所をふたたび占めているが、それだけではない。新疆をめぐる会話に熱がこもってくるとなるべく目立たないようにしていた、ひかえめだったグルバハールが、家族に不自由な思いをさせないよう気を配るだけではなくなった。食事中に政治の話が出ると、彼女は耳をそばだてる。彼女にも言うべきことがいろいろある。ラグマンの皿をほかの皿のあいだに置くと、彼女は新疆で経験したことを話しはじめる。みんな静かに耳を傾ける。何年も前から弾圧に我慢できない思いをしているケリムは誇らしさで目を輝かせる。グルバハールは心と体の傷を力に変えようと決めた自由な女として、家族のなかで新しい立場をすすんで引き受けている。

しかし、自由の味がこれほど苦いとは想像していなかった。再教育収容所で死んだような生活を送っていたときは、フランスへの帰国ほど幸せなことはないように思えた。彼女は「秘密の庭」で、空港での再会、抱擁、すすり泣き、娘たちを左右の腕に抱える場面を何度も思い浮かべた。帰国から数週間ほどすると、在仏ウイグル人の友人とふたたび連絡をとりあうようになった。どの友人も、グルフマールの陳情やインタビューを通じて事件のなりゆきを追いつづけていた。こちらからは知らせていないのに、グルフマールの出産を知ってプレゼントを持ってきた人もいたし、お祝いのメッセージを寄せた人もいた。グルフマールはそこにしっくりしないものを感じた。そして、中国には勝てなかったと認めるほかなかった。

新疆のウイグル人に対する弾圧の影響は在仏ウイグル人コミュニティにまで及んでいるので、友人たちの歓迎ぶりはグルバハールが期待したような熱烈なものではなかった。彼女はおずおずした、ほとんど冷たい迎え方をされた。不安げな表情や、メッセージに返信しない対応などに、相手の気まずい思いがうかがえた。かすかな恐怖が感じられるのだ。「会いたくないわけじゃないのよ。でも落ち着いて過ごすことができないの。あなたの家はまちがいなく盗聴されているから」と、親しい友人がとうとう打ち明けた。ハイティワジ家をめぐってはさまざまなうわさがささやかれていた。グルバハールが解放されたことはどんなふうに説明がつくのだろう？　再教育収容所から途中で出てくる者は誰もいないのに。当局が目をつけているウイグル人の名前を伝えたのだろうか？　とにかく、解放されたのは不思議だ。きっと中国当局に協力したのだろう……。そうしたことを人々はささやきあっていた。気まずい沈黙にぶつかるうちに、グルバハールは自分が犠牲者と見られているのではなく、隣人の行動を探るスパイ、仲間のあいだに潜りこんだ裏切り者とみなされていることを知った。

国際情勢も不利にはたらいた。中国の弾圧が強まれば強まるほど、国外のウイグル人コミュニティにパニックが広がった。中国は歩みをゆるめるどころか、新疆で大規模な再教育を続けている。対外的には、計画の妨げとなる声を封じるために手を打っている。たとえば二〇二〇年四月、国連人権理事会の信頼性に最初の打撃が加えられた。人権調査官を選ぶ諮問グループの地域代表に、中国人の蔣端が任命されたのだ。さらに同年一〇月には人権理事会の理事国に、中国が三年の任期で選ばれた(1)。そのあいだにも、多数の世界的企業の下請け工場でウイグル人が強制労働させられている事実が次々に報じられた。(2) 報道を受けてアメリカとヨーロッパは、国際的な視察団を新疆ウイグル自治区に派遣するよう国連で求めている。しかし中国は無関心または拒絶の態度をくずしていない。いくつもの民族の上に君臨し、死刑制度を存続させる中国、ウイグル人を収容所に閉じこめて再教育し、強制労働に従わせ、拷問する中国、その中国がいまや、人権のための法律を定める国々の一員になった。

傷つき、落胆しながらも、がまん強く、グルバハールは友人たちの警戒心に自分を慣らしてきた。「生きながらえて自由でいられるための代償ならしかたがない」と彼女は言う。再教育収容所の生活を絶望せずにもちこたえた回復力によって彼女は、いまの生活がかつての生活と似ても似つかないことに気づいても、それを受け入れ、乗りこえようとする。彼女が以前のグルバハールに戻ることはけっしてない。収容所の思い出は彼女の記憶のなかに出現しつづける。彼女の体にも心にも、いまなお収容所のことが染みついているのだ。だから、解放されたことを恥ずかしく思ったりはしないだろう。そして、一度離れていった人々から新疆で何があったのか聞かれたら、次のようなことを話すだろう。取り調べを受けるにつれて心の健康が損なわれ、再教育が進むにつれて無関心になり、記憶力が弱くなる。さらには、自分のことさえどうでもよくなってくる。ついたままのまぶしい蛍光灯の下、遠くからひびいてくる別の収容者の声に不安を覚えながら夜を明かす。押し殺したすすり泣きが、部屋のドアの閉まる音でぴたりと聞こえなくなる。何人もの仲間が警察の圧力に屈する……。グルバハールは、自分がラビア・カーディルのように、カメラの前で強いられて罪を認めたのだと打ち明けるだろう。また、新疆の党委員会が、彼女の証言の信用性を失わせるため、いずれまちがいなくインターネット上にその動画をのせると伝えるだろう。友人たちが自分の誠実さを疑ったことについては、ためらわずに許すだろう。中国の徹底的な抑圧を逃れられるウイグル人などひとりもいないことを知っているからだ。

# 謝辞

この本が実現したのは、グルバハールの娘グルフマールのおかげである。二年半ものあいだ、グルフマールは中国の収容所から母を解放するための闘いをやめなかった。本書に語られている証言のもうひとりの当事者である彼女は、グルバハールと私の通訳として、ブーローニュの家の白いソファーの上で行われた私たちのやりとりを入念に橋渡ししてくれた。

長年にわたってウイグル問題を追いつづけてきたエディシオン・デ・ゼクアトゥールのジャンヌ・ファン・トランからは、原稿の段階でたいへん貴重な意見と助言をいただいた。

私の家族、そしてデルフィーヌ、メディ、ロマン、グザヴィエには、私を励まし、助言を与えてくれ、原稿に注意深く熱心に目を通してくれたことに感謝したい。

ロゼン・モルガ

# 訳者あとがき

本書は、中国新疆ウイグル自治区の再教育収容所に送られ、奇跡的に救い出されたウイグル人女性による証言 *Rescapée du goulag chinois*, Équateurs, 2021 の全訳である。フランスで出版されると同時に、著者グルバハール・ハイティワジのもとには『ル・モンド』紙やテレビ局のフランス2など、五十以上のメディアからインタビューの申し込みがあったという。二年八カ月にわたって拘束されたウイグル人被害者が、自らの体験を時系列に沿って細部まで生なましく伝えるきわめて貴重な資料となっている。

著者は一九六六年に新疆ウイグル自治区グルジャで生まれ、大学在学中に知り合った男性と結婚。単身でフランスに政治亡命した夫のあとを追う形で、娘ふたりとともにパリ西郊のブーローニュ＝ビヤンクールに移り住み、穏やかな日々を送っていた。もうひとりの著者ロゼン・モルガはフランス人ジャーナリストで、『ル・フィガロ』紙の特派員として上海に滞在していたころ、ウイグル問題に関心を持ちはじめた。やがて、グルバハールの長女が母親を解放するためにフランス外務省やメディアに働きかけを始めたことからこの家族を知り、解放が実現すると、長女を通訳としてグルバハールから話を聞くことになった。その聞き取りをもとに本書がまとめられた。

新疆ウイグル自治区といえば、東西をシルクロードが横切っている地域である。一九七八年、日本画家の平山郁夫は夫人とともにこの地域に入り、ウイグルの人々や遺跡を描いた。夫人の平山美知子の『シルクロード夫婦行』（毎日新聞社）によると、ふたりはカシュガルで、ハミウリという西瓜に似た果物を食べながらお年寄りの男女から話を聞いた。ところがどの老人も、活力に欠けた話し方で政府の賛美ばかり口にする。なんだか「仕組まれた会見」のように思えて、おいしいはずの果物まで味気なく感じてしまったという。外国からどう見られるかを気にし、体面を保つことに熱心な中国の姿勢がうかがえるエピソードである。

中国による新疆支配は一八世紀後半、清朝の乾隆帝時代に始まり、中華民国と中華人民共和国に引き継がれて今日に至っている。そのあいだに短期間ではあるが、一九三三～一九三四年に「東トルキスタン・イスラム共和国」、一九四四～一九四九年に「東トルキスタン共和国」という名称でウイグル人の独立国が実現した。

一九四九年に中華人民共和国が建国されると、人民解放軍が新疆に進駐し、漢民族の入植が本格化する。この年、新疆の人口に占めるウイグル人の割合は七六%だったが、二十一世紀初めには、ウイグル人と漢人の割合がともに四〇%台で拮抗するまでになる。一九八〇年代に国家主席となった胡耀邦は少数民族に配慮して入植に歯止めをかけたが、彼が失脚すると、中国政府はふたたび積極的に漢人を新疆ウイグル自治区に移住させる。そして、その政策と軌を一にする形で、ウイグル人が集団で行う活動を警戒するようになった。

ウイグル人と中国当局はどのように衝突するのか。ここで、現代中国史を専門とする水谷尚子の研究をもとに、ふたつの事件をふり返っておきたい。

一九九〇年代のグルジャ事件は、地元出身の青年が交流の場としてサッカーチームを結成したことが発端となった。サッカーチームが増え、メンバーが頻繁に集まるようになったことを警戒した当局は、創設者の青年を逮捕。青年はハンガーストライキのすえ病院に搬送されたあと、病院を脱走し、一年半にわたって警察から逃げつづける。一九九七年二月になって、逮捕されることを覚悟でデモを組織し弾圧をやめるよう訴えた。人民解放軍の発砲で多数の死傷者が生じ、青年は監獄に送られて獄死した。

二〇〇九年には、本書第2章にも書かれているウルムチ暴動が発生した。広東の玩具工場で、漢人の労働力を補うために雇われていたふたりのウイグル人青年が殺された。しかし当局はいっこうに犯人の逮捕に乗りだそうとしない。犯人の逮捕と処罰を求める遺族の訴えに賛同した学生たちが平和的にデモを始めると、開始直後に警察がやってきて解散を促した。それでも学生たちが頑張っていると、みるみるうちに群衆の数が増えていった。やがて、現場を囲むように人民解放軍が現れて銃撃を始め、その日の深夜にデモを鎮圧。ある目撃者は、銃撃から逃げた者たちが、当局に対する怒りのはけ口としてバスに火をつけたり、関係のない人を襲ったりしたと証言している。
ふたつの事件の発端に注目すると、漢人とウイグル人に対する中国当局の扱いの差がよく見えてくる。中国は少数民族を漢人社会に同化させようとしてはいるが、彼らを自分たち漢人と平等に扱うまでには至っていない。

二〇一二年に国家主席となった習近平は、その二年後に新疆ウイグル自治区を視察したが、日程の最終日にウルムチ南駅で爆発が起こる。ウイグル人による犯行とみられることから、習近平はウイグル人に対して厳しく対処することを決意したと推測されている。ドイツ人研究者エイドリアン・ゼンツによると、再教育収容所の計画は二〇一六年三月に決定され、二〇一七年に強制収容が始まったという。本書の著者グルバハール・ハイティワジが留置場から再教育収容所に移されたのは同年六月である。

本書を読むと、中国当局がウイグル人を逮捕してからどう扱うかがわかる。まず留置場で取り調べを行い、反政府活動や独立運動に加わっているかどうかを問い詰める。逮捕した本人を危険分子と認めると、過酷な環境として恐れられている刑務所に収監する。逮捕者に反政府活動の疑いがなく、共産党の思想教育にしたがう見込みがあると判断すると、再教育収容所へ移送する。
逮捕者を再教育収容所で過ごさせる期間は弁護士のいない裁判で決定されるが、裁判の時期は当局の都合に任されている。本書の著者が裁判を受けたのは再教育収容所に入ってから一年半後だった。

中国側が主張する「職業教育」に該当するものが行われている形跡はなく、共産党のプロパガンダをひたすら暗記させることが再教育の内実のようだ。そうした単調な日々を長引かせて収容者から思考力を奪い、刑期の短縮をほのめかすなどして精神的に屈服させるという手法が、著者の体験から見えてくる。

本書がフランスで刊行された二〇二一年一月には、アメリカのポンペオ前国務長官がウイグル人に対する中国の扱いを「ジェノサイド」という強い言葉で非難した。この言葉の背景にあるのが、新疆ウイグル自治区で行われている不妊手術である。男性の輸精管を縛る手術と、女性の卵管を縛る手術が、ここ数年間で急増している。女性に子宮内避妊器具（ＩＵＤ）を装着する手術も増えている。少子化対策で産児制限が緩和されはじめた現在の中国で、新疆ウイグル自治区だけにこうした傾向が見られるのである。

さらにアメリカ政府は、新疆ウイグル自治区で生産された綿製品の輸入を禁じると発表し、ユニクロを含む世界のアパレルメーカーが対応を迫られることになった。ウイグル人の強制労働によって綿花が収穫されている、というのがこの制裁措置の理由である。ただしこれについて前述のエイドリアン・ゼンツは、綿花の収穫に従事させられているのは再教育収容所の収容者ではなく、農業労働者であるとしている。

いずれにしてもアメリカ政府の発表は国際社会を動かし、二〇二一年三月、イギリス、カナダ、Ｅ

Uがアメリカに同調して新疆ウイグル自治区の当局者らに対する資産凍結と渡航禁止を発動した。同年五月に国連が主催したオンライン会合では、国連人権高等弁務官の現地調査受け入れを中国に求める声が次々に上がった。日本政府はウイグル問題をめぐって欧米諸国のような明確な立場を示していないものの、国際社会が連携して中国に強く働きかけていくことが重要だとしている。

本書の著者は、解放に先立って生活環境が改善された背景に、収容所生活の痕跡を消そうとする中国側の思惑があったとインタビューで語っている。中国は国際社会にどう見られるかを気にしているのである。ウイグル問題は衝撃的な事実を含むだけに、どうしても怒りの感情にとらわれそうになるが、冷静に関心を向けつづけることが有効な手立てにつながるはずだ。現在の少数民族政策を維持していたのでは体面が保てない、と中国側に思わせることが第一歩だろう。

本書の刊行にあたっては、河出書房新社の撖木敏男氏にたいへんお世話になった。この場を借りて心からのお礼を申し上げたい。

再教育収容所に送っている。
(2) 国連人権理事会の一連の会議が2019年2月25日から3月22日までの会期で行われた。
(3) 2019年3月、グルバハールの娘のグルフマールは、人権理事会の年次会議で専門家たちの前で証言するよう依頼を受けていた。彼女は、母親がどのように新疆で人質にとられ、再教育収容所に送りこまれたかを話す準備をしていた。その証言への期待は高かった。彼女は明白なデータや画像を持参するつもりだった。だが3月18日に母親から初めて電話を受けてからは、委員会の招待を断ったほうがいいと判断した。

**第21章**

(1) 2009年、四川省の地震（2008年5月12日）のあとに、カシュガルでも地震の被害をこうむるおそれがあるという口実で、新疆当局はこの古都を大規模に再開発する計画に着手した。この計画によってイスラム建築のいくつもの至宝が跡形もなく破壊された。

**第22章**

(1) イード・アル＝フィトル（断食明けの祝い）。

**第23章**

(1) 監視付きの住宅に移ったあと、グルバハールはタスキンから自分の口座の現金を生活費として受け取るようになった。

**第24章**

(1) イード・アル＝アドハー。
(2) 2017年1月の逮捕で没収されたパスポートは、再教育収容所に収容されていたあいだに有効期限が切れていた。

**エピローグ**

(1) « ONU : le Conseil des droits de l'homme accueille la Chine », *La Croix*, 14 octobre 2020.
(2) 2020年3月2日、オーストラリア戦略政策研究所（ASPI）は、テクノロジー、輸送業、繊維産業の分野で、アップル、サムスン、ナイキ、アディダス、BMWを含む世界的企業80社あまりを公表した。フランスのアルストムもそこに入っている。これらの企業は、2017年から2019年のあいだ、新疆から移送された8万人以上のウイグル人収容者を中国にある自社の工場で働かせたとみられている。

17 août 2018.
(4) « La Chine reconnaît l'existence de camps de détention pour musulmans », *Libération*, 13 octobre 2018.

**第 15 章**

(1)《戸口》に基づく中国の戸籍制度には、フランスの戸籍である家族手帳に似た性格がある。戸口簿は家族ひとりひとりの個人情報が記載された、世帯単位の手帳の形をとっている。裁判官がここで言及しているのはこの書類である。
(2) 2012 年、ケリムとグルニガールとともに夏休みをカラマイで過ごしたさいに、グルバハールは警察署に行き、フランスに帰化していた夫と娘たち 3 人の分の《戸口》を戸口簿から削除してもらった。ウルムチ騒乱（2009 年）で多くの血が流れたあと、当時多くのウイグル人がすでに外国へ逃げており、新疆に残ったグルバハールの友人のあいだでは、恐ろしいうわさがささやかれていた。グルバハールが自分の 3 人の家族の戸口を削除しないかぎり、中国は彼らのことを中国国民とみなし、フランスまで追いかけてきて強引に中国に送還して裁判を受けさせることになると、彼女は友人たちに警告されたのだった。
(3) グルバハールは裁判での被告人質問のあいだ、自分のふたりの娘が、ケリムの場合とはちがって、政治難民としての在留資格を得てフランスに帰化したわけではないと一貫して主張する。

**第 16 章**

(1) アムネスティ・インターナショナルおよびヒューマン・ライツ・ウォッチ。
(2) *Xinjiang Victims Database*《新疆被害者データベース》は、新疆ウイグル自治区で再教育収容所または刑務所に送られたか、あるいは行方不明になっている少数民族（ウイグル族、カザフ族、キルギス族、回族）の一覧を提供している。データベースの開設者たちは、これら数千人もの身元を公表し、資料による裏づけを行うことによって、将来、中国に対して法的な行動を起こすための材料を準備しようとしている。
(3) フランス在住のウイグル人を代表する文化団体。新疆のウイグル人に対する中国の弾圧を告発している。
(4) 習近平のフランス訪問は 2019 年 3 月 24 日から 26 日に行われた。

**第 19 章**

(1) 2018 年にグルバハールが収監された 2 つ目の留置場。

**第 20 章**

(1) 当時、収容所でグルバハールが推測した女性への不妊処置は、2020 年 6 月にエイドリアン・ゼンツ研究員があらたに発表したレポートによって確証されている。そのレポート、*Sterilizations, IUDs and mandatory birth control : the CCP's campaign to suppress Uyghur birthrates in Xinjiang*（「不妊処置、IUD（避妊リング）、および強制避妊——新疆ウイグル自治区における中国共産党のウイグル人出生率抑制キャンペーン」）は、新疆ウイグル自治区にジェノサイド的な傾向が見られることを物語っている。2018 年、中国当局は新疆で大規模な不妊処置キャンペーンを実施した。同年、新疆の住民人口は中国総人口の 1.8% しか占めていないにもかかわらず、国内で装着された IUD（避妊リング）の 80% が新疆で利用されている。2019 年、ある郷（町村区）では妊娠可能な年齢の女性の 34% に不妊処置を施す計画があった。いくつかの県では 2 週間に一度の妊娠検査が義務づけられている。別の県では、妊娠中絶勧告に従わない女性を

## 第4章

(1) 拘留中、グルバハールは弁護士をつけてくれるよう繰り返し求めたが、一度も聞き入れられなかった。

## 第5章

(1) グルバハールは2017年4月1日から20日までベッドにつながれる。

## 第7章

(1) 義勇軍進行曲。

## 第9章

(1) 中国の国民には、出生と同時に《戸口》という、定住する住所が記載された身分証が発給される。1951年以来、このシステムは地方から都市への大量移住を抑える役割を果たしている。事前に適用除外措置を受けていない場合、国民は戸口に記載されている街や地域以外の土地に住むことはできない。

## 第10章

(1) 中国では人民解放軍建軍記念日が毎年8月1日に祝われる。この収容所では、祝賀行事がそれから数週間後の2017年8月26日に行われた。

(2) マディーナがグルバハールの面会に来たのは2017年8月24日だった。

## 第11章

(1) 第19回中国共産党全国代表大会は、2017年10月18日から24日まで北京で開かれた。

(2) 中国革命歌「共産党がなければ新しい中国はない」(1943年) の歌詞より。

## 第12章

(1) 新疆ウイグル自治区共産党委員会書記。チベット自治区で同じ職務についていた2011年から2016年に、強圧的な手法を用いたことで知られている。

(2) Human Rights Watch Report, *Collecte de l'ADN de millions d'habitants du Xinjiang*, 13 décembre 2017.

(3) « Absolutely no mercy » : leaked files expose how China organize mass detentions of Muslims, *New York Times*, 16 November 2019.

(4) Human Rights Watch Report, *Chine : visites imposées de fonctionnaires dans des foyers du Xinjiang*, 13 mai 2018.

(5) 2004年に結成された世界ウイグル会議は、在外ウイグル人を代表する中心的な組織である。中国政府によってテロ組織のひとつに指定されているが、ウイグル人のために非暴力運動によって民主主義、人権、自由を守ることを目的としている。

(6) « Pékin, accusé de forcer les mariages entre Ouïghoures et Hans », *Mediapart*, 31 mai 2018.

(7) 国際民間航空機関 (ICAO) では柳芳が、国連工業開発機関 (UNIDO) では李勇が事務局長に再選されている。

(8) « Un Chinois élu à la tête de la FAO », *Le Figaro*, 23 juin 2019.

## 第13章

(1) Adrian Zenz, « "Thoroughly reforming them towards a healthy heart attitude": China's political re-education campaign in Xinjiang », European School of Culture and Theology, Korntal, updated September 6, 2018.

(2) Adrian Zenz, « Thoroughly reforming them towards a healthy heart attitude », op. cit.

(3) « ONG et ONU dénoncent les camps d'internement en Chine pour Ouïghours », France 24,

# 原　注

(1) 新疆ウイグル自治区の再教育収容所で行われていることを指す。
(2) 新疆ウイグル自治区主席ショハラト・ザキールの発言。ザキールは中国共産党同自治区委員会の副書記でもある。2018年10月16日、新華社によるインタビュー。
(3) ショハラト・ザキールの発言。2019年12月9日、中国共産党中央宣伝部が新疆ウイグル自治区について行った記者会見で。

**はじめに**

(1) 分離独立派のウイグル人は新疆を東トルキスタンと呼んでいる。

**第1章**

(1) 子羊の肉を炒め、米とニンジンとタマネギを添えたウイグルの代表的料理。
(2) 中華人民共和国は、最終的に「新疆ウイグル自治区」という名称でこの地域を領土に組み入れた。
(3) 2013年に習近平が提案し、BRI（Belt and Road Initiative）という略語でも知られる経済圏構想。これによって中国は、アジア・ヨーロッパ・アフリカにつながる貿易ルートとインフラの整備を大規模に進めている。
(4) ウイグル人は、1950年代に漢人が入植しはじめたころは新疆の人口の大半を占めていた。現在の人口はおよそ1150万人とみられる。
(5) 中国では、結婚式、記念日、子どもが生まれたとき、そして旧暦の正月に、知り合い同士や職場で紅包を渡す習慣がある。
(6) 1985年の末、区都ウルムチをはじめとする新疆各地で、学生団体が平和的なデモを行った。学生たちはロプノール湖での核実験、漢人の入植による植民地化、人種差別を糾弾し、新疆の自治権の拡大を求めた。

**第2章**

(1) 広東省でウイグル人労働者2名が中国人に殺害されたことに抗議するデモが2009年7月5日に行われ、それが警察との激しい口論に発展し、一部のウイグル人が棍棒と刃物を持って暴動を起こした。都市ごとの犠牲者は不明だが、197人が死亡、1684人が負傷した。中国政府は暴動をけしかけたとして、亡命ウイグル人の代表機関である世界ウイグル会議と、議長のラビア・カーディルを非難している。
(2) 新疆の警察は、2009年7月6日から7日にかけての夜に1434名を逮捕したと発表した。

**第3章**

(1) ノウルーズとはペルシャ語で「新年」を意味する春の祝祭である。その年によって3月20日から22日のいずれかの日に祝われ、暦のうえでの新年となっている。
(2) 現在ワシントンに住んでいるラビア・カーディルは2006年から2017年まで世界ウイグル会議の議長をつとめた。世界ウイグル会議の本部はドイツのミュンヘンにある。

"RESCAPÉE DU GOULAG CHINOIS"
de Gulbahar HAITIWAJI et Rozenn MORGAT



岩澤雅利（いわさわ・まさとし）
翻訳家。東京外国語大学ロマンス系言語専攻、修士課程修了。訳書に、ピケティ『格差と再分配』、パソル『ルイ・ヴィトン　華麗なる歴史』（以上共訳）、ローラン『イスラム国』、カルル『エネルギーの愉快な発明史』など。

**ウイグル大虐殺《だいぎやくさつ》からの生還《せいかん》　再教育収容所《さいきようういくしゆうようじよ》 地獄《じごく》の2年間《ねんかん》**

2021年10月20日　初版印刷
2021年10月30日　初版発行

著　者　グルバハール・ハイティワジ／ロゼン・モルガ
訳　者　岩澤雅利
装　幀　岩瀬聡
発行者　小野寺優
発行所　株式会社河出書房新社
〒151-0051　東京都渋谷区千駄ヶ谷2-32-2
電話（03）3404-1201［営業］（03）3404-8611［編集］
https://www.kawade.co.jp/
組　版　KAWADE DTP WORKS
印　刷　モリモト印刷株式会社
製　本　小泉製本株式会社
Printed in Japan
ISBN978-4-309-22834-1